故宫五十年

那志良 著

民主与建设出版社
·北京·

© 民主与建设出版社，2020

图书在版编目（CIP）数据

故宫五十年 / 那志良著 . —北京：民主与建设出
版社，2020.4
ISBN 978-7-5139-2595-2

Ⅰ. ①故… Ⅱ. ①那… Ⅲ. ①故宫博物院 – 史料 – 中
国 Ⅳ. ① G269.263

中国版本图书馆 CIP 数据核字（2019）第 161714 号

故宫五十年
GUGONG WUSHI NIAN

出 版 人	李声笑
著　　者	那志良
责任编辑	刘　芳
监　　制	秦　青
选题策划	澡雪新媒
特约编辑	蒋　浩　康晓硕
营销编辑	吴　思
封面设计	今亮后声・胡振宇
版式设计	李　洁
出　　版	民主与建设出版社有限责任公司
电　　话	（010）59417747　59419778
社　　址	北京市海淀区西三环中路 10 号望海楼 E 座 7 层
邮　　编	100142
印　　刷	北京中科印刷有限公司
版　　次	2020 年 4 月第 1 版
印　　次	2020 年 4 月第 1 次印刷
开　　本	700mm×995mm　1/16
印　　张	17
字　　数	223 千字
书　　号	ISBN 978-7-5139-2595-2
定　　价	58.00 元

注：如有印、装质量问题，请与出版社联系。

· 故宫五十年 ·

目
录
Contents

故宫博物院的成立

民国十四年（1925）九月二十九日办理清室善后委员会决议了成立博物院，并在"双十节"开幕，时间如此仓促，实在是出于不得已的措施，一天不把这临时机构，变成永久机构，一天便会发生问题。可是筹备的人苦了。虽然事先有了风声早加准备，前后也不过二十多天，要成立多少个陈列室，每个陈列室的地点，都是先要腾空房间，把原有的东西，安置到妥当地方，打扫刷洗，安置陈列柜，然后到各宫去提取展览的东西。提取的时候，要备提单，要算计需要数量，要看看是否赝品，提到之后，又要刷洗、编目、写展览卡片，才能一一陈列起来。这是多么紧张的工作！

十月九日，各展览室居然陈列好了。展览室的分配，前面已然略有叙述，举凡铜器、瓷器、书画、玉器、漆器、象牙、木器、图书、文献之属，通通选提陈列起来。

十月十日的早晨，不到八时，神武门外，已站满了人，九时开门，一拥而入，真是万人空巷，拥挤不堪。吴瀛先生在他写的《故宫博物院五年经过记》中，记叙他那天到院参观的情形，说："此零仃孤苦幸得大众赞助未致漏产之故宫博物院，居然在万头攒动之中，脱颖而出，是日万人空巷，咸欲乘此国庆佳节，以一窥此数千年神秘之蕴藏。余适以事入宫略迟，中途车不能行者屡，入门乃与眷属及三数友人，被遮断于坤宁宫东夹道至两小时之久，始得前进。"

展览室中的拥挤，更是不堪，想进去的进不去，想出来的也出不来。那天，我被派在外东路的养性殿照料，这里陈列的是大婚图、南巡图等，是画得鲜丽精细，雅俗共赏之物，看的人愈看愈有兴趣，停在那里不走，后面的人陆续拥入，他想走也走不出去了，于是室内拥挤得堵塞在那里。我起初是立在那里，嚷着请靠近门口的人走出去，让后面的人陆续松动，没有人理会，后来我登在凳子上嚷，依然无效，只好听其自然。有一位参观人衣着颜色别致，引我注意，我看他一进门，便被后面的人与前面的人夹在当中，作了"夹馅饼干"的"馅子"，夹了许久，徐徐移动，然后被夹了出去，在室内虽看他时时伸伸脖子，但他什么也没有看到，挨夹一个多小时，又转向其他展览室去了。这种情形的参观人，恐怕不在少数。

这一天，我所照料的展览室没有发生任何事故，别的地方，也只有把栏杆挤断等小事，真是幸运极了。

这天的下午二时，故宫博物院的开幕典礼，在乾清门开始了，由庄蕴宽先生主席，清室善后委员会委员长李煜瀛先生报告筹备经过，黄郛、王正廷、蔡廷干、鹿钟麟、于右任、袁良等人先后致词，大多数是强调故宫博物院的成立适在国庆日，以后的双十节，便有了国庆与博物院成立的两层纪念。

会后，清室善后委员会，发出一个通电，说："北京段执政钧鉴，各部院、各机关、各省督办长、各总司令、各都统、各法团、各报馆钧鉴：本会成立半载有余，竭蹶经营，规模粗具，现已遵照去年政府命令，将故宫博物院全院部署就绪，内分古物、图书两馆，业于本日双十佳节举行开院典礼，观礼者数万人。除该院临时董事会理事会各规程前已正式披露外，特电奉闻，诸希匡翼。临电无任翘企之至。"

博物院的组织，定有临时组织大纲，简单地定有四条，其中第一条是说明博物院成立的根据，是遵照办理清室善后委员会条例第四条，并执行中华民国十三年（1924）十一月七日政府命令。第二条是说明故宫博物院的组织有"临时董事会"及"临时理事会"，下设古物馆及图书馆，遇必要时得设专门委员会。第三条是说办事细则另定，第四条是组织大纲，遇必要时，得由董事会公决修订。

双十节过后，博物院开放参观的事，便有了新规定。全院的地方很大，无论如何，没有办法在一天看完，而且照料需人，于是订了分三天开放的办法：

一、每逢星期日、四，开放中路，包括乾清宫、交泰殿、坤宁宫、钦安殿、御花园及两庑的古物陈列室，这些陈列室包括有铜器、瓷器、玉器、书画等。

二、每逢星期二、五，开放内西路，这一路都是皇族的住所，包括有重华宫、储秀宫、咸福宫、翊坤宫、长春宫、太极殿、养心殿等处，室内原来的陈设，仍然保持旧样，参观人可以从玻璃看到室内的情形。

三、每逢星期三、六，开放外东路，包括有皇极殿、宁寿宫、养性殿、乐寿堂、颐和轩、景祺阁等处，这些大殿，原来存物不多，稍事搬迁，便可以腾空，就在大殿之内，陈列文献部门的展品，如帝后像、耕织图、大婚图、南巡图、奏折、图书、盔甲等。

参观券的价钱是每张二角。

参观的时间是上午九点开始，到下午五时止。四时半就停止售票。售票停止以后过了一会儿，摇铃的人、封门的人就沿线进来了，每一处的参观人走完，就把这地方上锁加封，然后又摇着铃走到第二处，照样加封上锁，一直到出口为止。

院里的组织，虽然有古物馆、图书馆的设立，因为点查工作，仍然在积极进行中，不能马上成立起来。

十五年（1926）一月，故宫博物院知道宫里的军机处档案，在民国三年（1914），由清室移交给国务院后，一直堆在集灵囿，并没有人去整理，而这批档案，极有史料价值，想把它索取回来，加以整理，以为将来编纂国史之用，就致函国务院说：

> 查清旧军机处档案，现存集灵囿。自雍正以来，二百年间军事机密，胥具于是。今境迁事过，无所忌讳，是宜公表于世，以资考证。且此项文件，与宫中所藏档案关系至密，往往一档分载两处，或两种记载互相发明，合之两美，离之两伤，亦宜汇集一处，加以处理。考历代官私书目，史料传者，大抵编敕成书方能流布，其以散帙传者，未之前闻，即已有成书，如《唐二十二朝实录》之见于高氏史略者，除顺治①一朝外，至明多已不传。宋代史料之见于晁陈二家书目，如《元丰广案》百卷、《嘉祐御史台记》五十卷、《国朝会要总类》五百八十八卷，至明亦已不传。元代史料见于明初文渊阁书目，如《经世大典》七百八十一册，《太常集礼稿》百册，《大元通刊》四十五册，至清初亦已不传。以此类推，清代遗文，失今不图，后将何及？查德法等国所有各机关过时档案，均移存文献馆，以为编纂国史之用，本院现为保存有清一代文物典章起见，用特函请贵院将旧存军机处档案，移存故宫博物院文献部，以便从事整理，一面分类陈列，并可勒成专书，一举两得，岂不较胜于束之高阁，徒供蠹鱼，终归漂没

---

①　此处疑有误，原稿如此。——编注

也……

这是一封公函，而多所考据。军机处是在雍正七年（1729）创立的，那时叫做"军机房"，起初设立的目的，只是因内阁距内庭较远，公文传递不便，以后这个机构的重要性增加，才改名"军机处"。这个办事地点，在乾清门之西，隔着一个内右门，便是皇帝的住所养心殿，又与乾清宫极近。因为地点接近内廷，办事方便，渐渐地它不但管理军机重事，一切国家大计，也由它总揽，成为一个枢纽。军机处把一切经办文件，登了簿册，谕旨章奏也录了副本，把原件归到内阁去，而一些秘件，与外藩表文，各国照会之属，便直接由军机处保存。所以军机处的档案，与宫中档案是有重要关系的，而他的重要性，实不亚于宫中档。军机处在雍正七年（1729）成立以后，十三年（1735）又停止了；乾隆二年（1737），恢复设立，一直到宣统三年（1911）四月才废止。

国务院同意了这项请求，博物院马上派人前往点收、装车，运到神武门外面的大高殿暂存。我也参加了这项工作，搬运时灰尘之大，在屋内几乎看不到人，幸亏每人发了一个口罩，事毕退出之时，口罩上的白纱布，已变成黑色了。

与这一批档案同时接收过来的，还有观海堂藏书一批，这一批书是宜都杨守敬氏的收藏。杨先生在光绪五年（1879），随着何如璋出使日本，那时正是日本维新之时，一切要"新"，这种线装旧书，自然是被淘汰之例，杨先生就在日本收购，运回国来，数量不少，其中有许多是在国内久佚之书。民国四年（1915），杨氏去世，他的遗族把这一批书卖给国家，政府把一部分拨给松坡图书馆，一部分放在集灵囿。国务院移交军机处档给博物院时，这一批书也一并移交了。以后，我就被派在大高殿，编辑这批图书的目录。

　　两馆的工作，也在逐步筹备起来。首先是古物馆，因为铜器中的"散盘""嘉量""宗周钟"等，都是重器，外间想要得它们拓片的很多，由理事马衡先生建议，在点查事务室对面，原来委员会及田园房屋管理处办公的地点，先把传拓铜器的工作开始起来，并调齐念衡、庄尚严、吴玉璋和我，在那里办公，那时我在大高殿编图书目录的事已经结束了。一方面监视传拓，一方面为古物馆的成立做准备。从此之后，我就一直在古物馆工作了。传拓的工作，由北京大学调一位资深的拓工薛先生带领他的两个徒弟办理。过了相当时候，才把馆址迁在西三所。

　　图书馆的图书部分，是由理事袁同礼先生筹备的，他们选定寿安宫为馆址，与古物馆极近。他们有了馆址之后，便开始到各宫去提取图书，运到寿安宫来编目。

　　图书馆的文献部分，选定了南三所为馆址，是由理事沈兼士先生筹备的，也开始了整理编目的工作。

　　点查事务室的人，大部分被各馆调去，好在点查的工作已近尾声，无需那许多人了。

　　博物院的内部，虽干得很起劲，外界的压力，并不因为博物院是个永久机构而稍歇，于是博物院走进了艰难之路。

　　十五年（1926）三月十八日，"三·一八"惨案发生，这事本与故宫博物院无关，但是段祺瑞政府，因为早已不满意李煜瀛、易培基两先生在故宫的作风，借此机会指两先生为共产党，在惨案发生的第二天，下令通缉。李先生是院里的理事长，既失去自由，院中不能不谋补救之道，就在三月二十六日举行董理事联席会议，讨论应付办法。会中决定推卢永祥、庄蕴宽两先生做维持员，主持院务，这一时期，被称为"维持时期"。

　　庄蕴宽先生是清室善后委员会的监察员，又是故宫博物院的董事，对故宫贡献很大，他被推为维持员，是众望所归；卢永祥先生也是院中董事，在康有为倡复辟运动时，康有致庄士敦的信，信中有"唯浙省不为动"的话，那时卢永祥先生是浙江督军，大家认为他不会袒护清室，所以被选了。那时，卢不在京，实际的负责人只是庄先生了。

"维持会"这个名字，就显示了它只是"维持"而已，不会有什么进展，刚一成立，便有两个问题，摆在眼前：一个是经济困难，一个是国民军要调走了，警卫的问题。

经济问题是重要问题，但它是容易解决的问题。院里主张绝对不要政府的资助，便由熊希龄董事介绍，向东方汇理银行借钱，汇理银行因为政府的信用不好，须由庄蕴宽用私人名义，才能拨借。于是由庄先生私人出名，并由当时治安维持会的王士珍、熊希龄、赵尔巽、孙宝琦四先生担保，借到三万元，有了这笔钱，再加上参观券的收入，大家计算，可以维持一年了。

第二个问题，倒是头痛的问题。当时的情形，政府方面，总觉得博物院事事自专，不买政府的账；博物院又觉得政府事事掣肘，有袒护清室之意。彼此并不融洽，所以政府方面，借"三·一八"事变，把李、易两先生通缉，其通缉理由虽说是指他们为共产党，而为故宫之事，积怨已深，也是重要原因之一，于是用"擒贼先擒王"的手段，使两先生不能在院中发生作用，慢慢地再把故宫的事权夺过来。

现在，国民军就要退出京师了，负责守卫故宫的鹿钟麟队伍，也必须撤走，如果向政府请求调入警卫，是给政府一个侵夺事权的机会；如果自己编卫队，时间上是来不及。最后的决定，还是只有向政府想办法的一途。庄蕴宽先生乃商请内务部调警卫队接防，内务部马上答应了。

十五年（1926）四月五日是博物院的交接日期，也就是警卫方面的换防日期。新任维持会方面的接收人是庄蕴宽先生，旧委员会代表是陈垣先生。内务部长屈映光，欲伸其势力于博物院，就在博物院中大派职员，并以庄孟玉为警卫处处长。陈垣先生对此十分不满，在交代演说时，就说："今天是本院自练警卫队成立之期。"不平之意，见诸辞色。事后陈先生又向庄蕴宽先生抗争，指责内务部长不应当在院里派员，后来庄先生把内务部所派之员，一律改为顾问，才稍息陈先生之怒；内务部长屈映光也向庄先生抗议，指责陈垣先生不应抹杀借用内务部警卫队的事实，又说自编卫队，当众抹杀人情，令我难堪。经庄先生安慰一番，这事才平安过去。

鹿钟麟总司令，自唱"逼宫"以后，以至成立维持会，这段时间，他不但是守卫着故宫，也非常帮助故宫，例如民国十四年（1925）九月间，有人倡议把宫中文渊阁所存的一部四库全书，交给某书局付印，想把这部书运走，清室善后委员会，想在文华殿与文渊阁之间，砌一道墙，把文渊阁与文华殿隔开，圈到这边来，商诸鹿司令，鹿司令马上派工兵一营，连夜砌了起来，以后还设岗监视。他对故宫的帮助，实在不小，所以他们调防的消息传来，大家都觉得是个坏消息。

鹿司令在交卸了守卫之责后，他发出一份通电，历述他的洁己奉公，清白交代的情形。

交接过后，安静了不到二十天，直鲁联军包围故宫，迫令迁让的事又来了。四月二十三日下午，突然有联军军官二人，带着卫兵马弁，乘汽车二辆，到神武门，气势汹汹地要见会里的办事人员，告诉办事人员，明天就要派兵来驻扎，请维持会立刻腾出。说完，就把房屋看了一遍，指定某屋作何用途，某屋住兵多少。会中人员，马上把这事报告了维持员庄蕴宽先生。庄先生听到，立时来会，问明情形之后，赶快到治安会去，把这事告诉王士珍、赵尔巽等，庄先生说：故宫实在愿意有力的人继续负责维持，但是必须先有一番手续，如果不等候交待，强迫来驻军，那末，故宫是历代文物所关，万不能拱手让人。

那天，正好是治安会中的元老们在外交大楼替联军将领洗尘，就在席间，当面询问各军长，是否实有其事？他们都说不知道，也许是部下的个人行动，自然要下令禁止。当时京畿警备总司令王翰鸣也在座，也声明要出一布告，严禁神武门故宫驻军，如有军队前往，可电告司令部，由司令部派员与军队接洽禁止。得到了这个结果，故宫同人，也暂时安心了。

二十四日上午，果然有军队开到神武门来。警备司令部派参谋李继舜来到故宫，与他们严重交涉，才开到别处去，当由李参谋手书布告张贴故宫门首，严禁军队驻扎。

安静了四个多月，风波又起来了。

一年多以来，那些清室遗老与民国的无聊政客们，表面上是噤若寒蝉，暗地里无时无刻不在打着如何使宣统回宫的算盘，只以冯玉祥的军队在京，他是主持"逼宫"的人，不敢妄动，冯军撤出京师，以为国民军时代之措施，易于推翻，遂又活动起来，公然以清室内务府名义，致书国务院及吴佩孚氏，谋溥仪之复宫及恢复优待条件，康有为有电致吴佩孚，说：

> 君之道德，国人钦敬。君忠于曹锟，实因富于感情之故。冯为赤化，君既讨赤，于冯之行为应当纠正。君在清时，亦受有中级军官之职，宣统亦属故主。况民国元年，曾有优待条约之约束，列国咸谓冯倡赤化，落井下石，破坏优待条件，致使吾天子蒙尘。吾公不忘曹氏，正有为之不忘宣统也。应请恢复优待条件，并迎逊帝回宫，与民国制度并不抵触，此事实上之可能……

吴氏接到电后，就回复了一电，是：

冯之行动，实为不合，但今欲推翻此案，将溥氏迎回，与交还故宫，并恢复优待条件，则予将受复辟嫌疑。总之，优待条件既已破坏，如再恢复，则物议必多，只好听其自然而已。日前晤某某二老，均语及此，余亦以此意告之，二老亦甚以为然。

这些事被报纸揭露了，反对之声蜂起。章太炎也致电吴佩孚，认为拒绝还宫，是永绝复辟之祸；而冯玉祥之罪，在后之通俄，不在前此之废溥仪，一是一非，不容牵合。

溥仪还宫之事，虽未成事实，改组故宫博物院的事，却施行了。这次的改组后，是"故宫保管委员会"时期。

十五年（1926）七月十日，国务会议秘密决定，由各部各派一人，做故宫博物院保管员。以后又屡次更改，到了十四日的内阁会议，又正式通过了改组故宫博物院办法，成立故宫保管委员会，由国务院聘委员二十一人，这二十一人之中，有遗老，有名流，有清朝的亲贵，有曾任大官的，有议员，还有商人，真是灿然大观。七月二十一日，下午一时，委员在中海居仁堂开会，选举正副委员长，结果赵尔巽当选委员长，孙宝琦当选副委员长。庄蕴宽先生本也是委员之一，那天并未与会，知道新的委员会已经成立，遂发表一个启事，说：

蕴宽行能无似，辱各方推举，于故宫博物院事，始令监察，继任维持，荏苒年余，幸免罪戾，社会监视之严，同人扶助之切，蕴宽所应为故宫博物院永永致其感谢者也。兹者，政府另有保管委员会之组织，会中诸公多为一时耆硕，前此京师危急之际，尤赖竭力匡扶。今复由维持而入于保管时期，基础益应巩固，举凡院中国宝重器，以至一草一木，愿始终为国人所共同珍护，发扬光大，视听所昭，岂惟蕴宽一人私幸而已。蕴宽惟有慎重交待，以清经手，仔肩脱卸，藉得养疴，其为忭欣，尤难言喻，敢告国人，尚希公鉴。

故宫博物院同人，在二十三日下午三时，在神武门内委员室集议对付办法，议决要求政府声明三事：一、不发还溥仪；二、不变卖；三、不毁灭。然后由院中组织移交委员会，逐件点交，以清手续。又有人提议发起监督同志会，便于以后随时监督，也经与会人赞同。

八月二日，故宫保管委员会的两位正副委员长去访庄蕴宽先生，说是要去博物院参观，庄先生还通知马衡、吴瀛两先生招待，两先生拒绝了这个工作，只好由庶务招待。两位正副委员长到院，原来不是参观，而是接事，率领多人来院，执行他们正副委员长的职权了，还告诉庶务发请帖，宴请同人，时间定在明日下午，地点是清史馆。这种明修栈道，暗渡陈仓的接收方法，倒也别致。

清史馆中的宴会，旧任方面，到时赴约的，只有江瀚、俞同奎、陈垣、吴瀛等四先生。宴毕，由陈垣先生发言，申明必须组织点收、接收两委员会，其余各先生也都有说明，必须点完一处，移交一处，未点之前，仍用旧封，由旧会负责，点完之后，再由新会负责。当时赵尔巽先生并未发言，孙宝琦先生说，这事要等待与同人商量后再议。

赵、孙两正副委员长就把这事报告了国务总理杜锡圭，认为逐件清点，过于费时，主张一切用简单办法办理。杜锡圭则认为清点移交，是当然之事，分设移交接收两委员会的办法，也颇为正当，可以照办。这一下可把赵尔巽气坏了，说："我偌大年纪，来碰杜锡圭的钉子！我不干了。"他就提出辞职，孙宝琦也联带辞了职。八月七日的阁议虽经挽留，他们仍然无意干下去了。

那些想趁二老荣任正副委员长的机会，弄个一官半职的人，与那些想攀龙附凤的人，都失望了。他们认为这次的事，完全是为旧任坚持清点移交而被破坏，而主张清点移交的，必是在清史馆发言的陈垣先生，这一腔怨气就都出在陈先生身上了，要惩治他来示威。八月八日清晨，陈先生被宪兵司令部逮捕了。陈先生到了司令部，便问何事被捕，司令部里的人也不知道是为了何事，只能回答说是奉命办理。到大家把陈先生营救出来时，陈先生不肯离去，一定要问，究竟何事被捕？事后宪兵司令还对人说，陈某太可恶，放了他还不肯走，一定要问为什么捕他。他哪里知道，这正是陈先生的可敬之处，一位学者，岂能无缘无故地任人捉放呢？

新任委员长不到职，旧任维持员已不负责，院务陷于停顿状态。

可是，业务方面的工作，却仍在进行，古物馆不但继续拓铜器的工作，还开始了"金薤留珍"印章的钤印工作。"金薤留珍"是一批秦汉铜印的总名，共有一千多方，都是秦汉的官印、私印。古物馆想把这一批印钤成印谱出售，共钤二十四部，由马衡、王提、唐醉石、吴瀛等四先生任钤盖工作，我与吴玉璋先生就便把这些方印编了目。历时三个多月，才告完成。图书馆的图书文献两部分，也都在进行编目工作。

到九月二十二日杜锡圭内阁辞职，故宫保管委员会也就胎死腹中。

故宫博物院久已无人负责，乃由汪大燮、熊希龄、颜惠庆、庄蕴宽等人，计划邀请一时名流学者，发起维持会，合力维护。在十五年（1926）十月十三日那天，由汪大燮、颜惠庆、熊希龄、庄蕴宽四先生具名，在欧美同学会宴客，商讨此事。出席的人对于成立维持会，都没有异议，并商定由汪大燮、颜惠庆、江瀚、王宠惠、庄蕴宽、熊希龄、范源濂具名致函国务院请其同意，原函于十月十四日发出，原文是：

查故宫博物院储藏历代重宝，关系我国文物，异常重要。前此组织清室善后委员会并继续成立故宫博物院董理事会，先后进行，一年有余，前月政府复有保管委员会之设立，旋以正副委员长同时辞职，致会务因以停顿。曩者，蕴宽以情势所迫，勉力维持，瞬逾半载，才轻任重，陨越时虞，而兹事体大，断非独力所能久支。大燮等或任博物院董事，或为保管会委员，自应共筹妥策，暂资维持。当经集议拟由本院前后同人商请各方名流暂行组织故宫博物院维持会，集合群力，赓续负责典守。一俟有正式机关成立，此会即行解散，用特附具维持会同人名单，函请贵院查酌见复为荷。

函去之后，经国务会议决议交内、教两部接洽后再定。十月二十二日，两部在北海董事会宴客，商议此事，与会之人不多，席间虽谈及此事，终不及谈风月的话为多，席终莫明其妙而散，以后就再没有消息了。

十二月一日，又传有王琦派宪兵逮捕庄蕴宽先生的消息，庄宅附近，断绝交通，看守电话，形势非常严重。幸有女仆乘隙逃出报信，大家才各方营救，问到卫戍司令部，他们根本不知此事，不过，他们也认为此事严重，急电请示正在天津的张作霖总司令，张听了大怒，问："这是谁干的事？马上解围。"原来是有人设法激怒了张宗昌，而由张宗昌命令王琦干的。事后虽由王琦亲往谢罪，当时之军阀横行，真是令人发指。

维持会的发起人，见政府对于此事，毫无反应，只好自己筹备起来，决定在十二月九日，自动成立，通过了维持会的暂行简章，并推江瀚为会长，庄蕴宽、王宠惠为副会长。并将暂行简章及会员名单函内务部备案。

十六年（1927）一月八日举行第一次常务会，便讨论一个难办的问题是大元帅府交议的"清室要求发还寿皇殿清代帝后像"一案。寿皇殿在神武门对面景山的背后，原来是供奉帝后像的所在，房屋年久失修，多处渗漏，故宫博物院恐怕帝后像毁损，才把各像一起运入宫中。现在清室要求发还，有人认为这是大元帅府同意的，不能不遵办，而大多数人认为不可，激烈反对，后来由警察总监陈兴亚解释，所谓发还者，是仍旧送还寿皇殿，不是交与溥仪，各委员认为寿皇殿也是故宫博物院保管的一个地方，事实上与未交还是一样的，也就同意了。

其次的问题，便是院中经费拮据，如何疗穷的问题，院中本来想处分永和宫银锭、金砂以及茶叶等销耗品，并已经会议通过，接近实行的阶段，不想警察总监陈兴亚送来一信，说："故宫处分银锭物品事，当道不甚明了，请缓办。"解穷之路又断了。于是发生了两件事：

一、各处供应物品，不能按期发放，引起了驻守宪兵的误会，一位庶务员上班时，驻守宪兵请他过去，刚一进门，不问三七二十一，便按倒地上，打了一顿军棍，说是管教管教他，看看还敢不敢不发煤炭？同人看到这种情形，非常气愤，全体职员开会，要求惩凶、道歉，并保证以后不再发生此种事件。

二、同人生活艰苦，开会商议，推派代表，向会长索薪，气势汹汹。会长江瀚，乃宣布辞职。

政府对于院中的艰苦，不但不予以援助，而对院中的压力，却有增无减。下面的两件事，便足证明政府时时刻刻在打击故宫博物院：

一、八月十六日国务会议决议两事：一、清太庙堂子两处，应归内务部坛庙管理处保管。二、前清军机处档案，存大高殿者，应归国务院保管。同人认为太庙堂子两处可以放弃；军机处档案，与宫中档案，有互相发明引证的价值，是文献中宝贵资料，不能不争。于是声述理由，要求等到整理完毕，再行移交。函去之后，不但不准缓交，反而加上一句：与上次一同移交之观海堂藏书，也要一并交还。院中除了托人疏通一下之外，并未再理会这事，也就没有人再催问了。

二、八月二十三日阁议，又通过了查办故宫博物院案，派内长沈瑞麟，农长刘尚清澈查之后，拟具办法听候核夺。这二长遵命来视察，他们不但没有查出有什么弊端，反而对院中章制的完备，保管的缜密，大为赞许，向招待的人说："外间咒诅诸君的人很多，说故宫中许多闲话，今天才知道这都是诬告，诸君任劳任怨的精神，极可佩服。"所谓"澈查"之事，也不了了之。

最后，他们还是把故宫改组了，成立"故宫博物院管理委员会"，这是故宫博物院的第四次改组。

这个委员会的委员长是王士珍先生，副委员长是王式通和袁金铠，两馆负责人都是旧人，一切依旧有成规办理，院中比较安定。不过，为时仅七个月，到十七年（1928）六月，国民革命军北伐成功，就结束了。

故宫博物院的鼎盛时期

故宫博物院在北伐成功以后，虽然有过一次"废除故宫博物院分别拍卖或移置故宫一切物品"的提案，经同人的努力，不久也就过去了。于是院务便积极展开了。展览方面的情形，在前面已经谈过了，现在我们要谈的，是文物集中、审查文物，及文物流传等。

首先谈文物集中，在谈这一步工作之前，先要把宫中文物贮存情形，略为说一说。

宫里的各宫殿，除了外廷的三大殿——太和殿、中和殿、保和殿，与内廷的乾清宫、交泰殿、坤宁宫等地的正中大殿，是有一定的陈设外，其他各处，也与一般家庭一样，除了起居室、卧室比较整齐，别的地方也是颇为凌乱。库房里堆得满满的，有时乱杂得无法走路。故宫博物院对于这种情形，不得不加以整理，采用了两个办法：

一、凡是与礼制有关，或是供人参观的地方，一切仍旧，不加变动。

二、其余地方，由各馆把所属文物分类集中，存入各馆的集中仓库去，整理编目。

　　我被派的工作是集中玉器，和我一同工作的，一位是胡文光，一位是崔仪。胡先生的儿子在国民军里任司书，服务的一连，正好负守卫故宫之责，遂由连长介绍他的父亲到故宫来任一名书记之职。刚一来的时候，大家知道他认识不了许多字，有些看不起他，但他有他的长处：第一，他自己了解自己的缺点，努力学习，每天很早到院，到了之后，便不断地写字；第二，他不畏辛苦，在延禧宫修建库房时候，建筑商要求每天七时开工，六时收工，胡先生担任这一组的工作，自始至终，毫无怨言。那时，故宫博物院还没有加班费的事。结果下来，大家都很敬重他，称他为胡大哥。崔仪先生本是在总务处担任照料参观的工作，因为他做事勤慎，也由古物馆把他调来，加入玉器的集中工作。我有这两人的协助，工作非常顺利。

　　集中文物，先要由经办人根据清室善后委员会所出版的点查报告，查出在某宫殿中有需要的东西，先写好提单，送秘书处，审核之后，通知馆中，可以定期去提，才能决定提取的日期。这时，馆里面开一通知单给秘书处，载明哪一天去提，组长是什么人，参加工作的是什么人，需用工人若干名，秘书处根据通知，代开一正式组单，把他们派去的人，也写在上面，然后通知警卫方面，派员参加监视，并通知总务处派定工人。

　　到了工作之日，组长凭那一张组单，向秘书处管钥匙的人，领取工作地点及经过各门的钥匙，然后会同全组人员，入内工作。把想提的东西找到之后，与提单核对，如果有附件、破伤等情形，在提单上注明，把提单交给秘书处的人，秘书处的人把东西交给古物馆，算是完成了提取手续，大家同监视着，送入古物馆的库房。

　　接连着提取几天，便停止下来，改做整理编目的工作。入库整理，也照样有那一套手续，通知秘书处、开组单、会同监视人员一同入内。并不是提到古物馆，古物馆的人就可以自己保管了，还要用出组手续会同监视人员及工人一同工作。

整理玉器，第一步手续是刷洗。一般的情形，玉器上都是积尘已多，要把灰尘洗去，同时把太监们在上面贴的小黄签去掉。取下的小黄签，像那些只写着"二百三十七号"或物品名称的，大半都丢弃了，有些仍然在洗完之后，贴了回去，例如在永寿宫提来一个雕漆盒，里面有屉（金字四三号），屉上分成十几个小格，原来是每一格里装一件玉器，可是有几个格子是空的，在这几个空格子之中，各贴有小签，写着：

宣统十二年八月初三日赐皇帝用一件。

宣统十一年二月二十四日赏朱益藩。

八年八月初二日赏耆龄用。

八年八月初三日赏载润用。

第一条所说"赐皇帝用"，讲不通，可能是说皇帝拿出去送人了，不知道是送给什么人。我们觉得这个雕漆盒没有影印或展览的价值，这黄签还是暂时保存的好，想不到这件东西已运到台湾，小签仍然无恙。

又提过一个"描金红漆八瓣盒"，是在民国以后买进去的，上面还贴着制做商号所得的奖凭缩印本，这个奖凭的话，是："农商部奖凭，第壹叁贰号。出品地：直隶省。出品者：隆和。品名：漆器。前项备赴美国巴拿马赛会展览出品，业经本部审查评定，给与四等奖凭，以示鼓励。此证。农商部部长周自齐。中华民国四年七月三十日发给。京都宣武门内、西单牌楼北、路东、隆和号。电话西局三百二十七号。"像这样的浮签，也都保留起来。

物品上小签的丢弃，有些是应该的，有些是不应该的。例如上面只写着"二百三十七号"的，我们既没有他们的原账册，这个号签是无用的，应当丢弃。至于品名小签，是太监随便写的，他们既不懂古物，自然是有许多错误。可是清室善后委员会点查之时，就是根据了这个签入了账，以后故宫博物院的规定，名称不经审查，不能随便更改，俨然成了这件东西的定名，如果有人问到当时为什么有此错误登记，连个证明都没有了。

玉器洗刷完毕，用较小的纸写上点查号数，贴在器上，登记完毕，依次放入库房的大柜子里面。一年之内，日积月累，也提了不少东西，后来在斋宫成立玉器专门陈列室时，费时不多，便能完成，就是因为有了这准备工作。

瓷器的集中工作，与玉器不太相同，在宫中，有几个存贮瓷器的大本营，设备很好，没有集中到一处的必要。例如：

一、景阳宫　景阳宫在内东路，也就是后来的铜器专门陈列室的地点，后殿里有十个大木柜，以天干的字编号——甲、乙、丙……每个柜里，都做成许多小抽屉，与中药店的药柜一样。抽屉外面，刻有这屉内所藏瓷器的品名件数；抽屉里面，还分出小格来，分装瓷器。这一处共存有宋元明瓷器三千七百多件。原来贮藏得很好，自然仍存其旧，不必集中了。

二、景祺阁　情形与景阳宫相同，有同样的木柜，柜里的抽屉也是一样。这里共贮存宋元明瓷器三千四百多件，也没有集中。

三、皇极殿与宁寿宫两旁配殿　这一带所存都是清瓷。国家在景德镇设有御窑厂，终年在那里烧，烧好之后，就往宫里送，宫里怎会用那许多瓷器？就选了这个地方，一桶一桶地堆起来，堆得高及天花板，总数有几千桶之多，瓷器的集中库房，是无法容纳的，只好仍存原处，不予集中。

此外便是端凝殿北小库了。这里所存的瓷器，都是"瓷胎画珐琅器"，也就是俗称古月轩的瓷器，古月轩瓷价值之高，是人所共知的，外间看到一件，视同拱璧，这里有四百多件，真是了不起的收藏。可是，这个地方，阴暗潮湿，房顶也漏了，并且有许多件是放在地上，这是怎么回事呢？可能是他们也在集中，这里只是一个集中站而已。古物馆自然把它们一齐运到集中库房去了。其他散见各处的瓷器，大部也都集中了。

　　书画的集中工作不难，因为大批字画，已经由清室集中到钟粹宫与斋宫了，一律新箱，大铜锁，这些箱中的字画，虽不能说件件精品，也不至于显然赝品；另外在景阳宫也发现有几箱，却都是整箱赝迹，打开一看，就不想再看下去了。为什么是这样呢？可能他们在集中时，也会加以选择，把这"至劣"之物，集中在景阳宫了。

　　图书馆把寿安宫辟为书库，设有以下各书库：

　　善本书库　殿本书库　经部书库　史部书库　子部书库

　　集部书库　丛书书库　方志书库　重复书库　满文书库

　　佛经库　　普通书库　观海堂藏书书库

　　图书馆的馆址，也设在一起，他们的工作比较方便，书籍提到，分别入库之后，便可以自行编目，不再有出组的手续了。

　　他们也有不能集中的图书，是《四库全书》《四库荟要》，及《图书集成》。

　　《四库全书》原存文渊阁，建于乾隆四十一年（1776），是专为贮存四库全书用的，这一部大丛书，共收经、史、子、集四大类的书三千四百五十九种，分成六千一百四十四函，合计三万六千三百八十三册，完全是钞本，真是一件伟大的工作。最初是钞写四份，除**文渊阁**的一份外，沈阳的**文溯阁**，圆明园的**文源阁**，热河皇帝行宫避暑山庄的**文津阁**，各有一部。以后又续钞三部，分存在镇江金山寺的**文宗阁**、扬州大观堂的**文汇阁**、杭州圣因寺的**文澜阁**。这七部书的存佚情形如下：

　　文渊阁　《四库全书》的第一部，完成于乾隆四十六年（1781），四十七年（1782）存入文渊阁里。这是最好的一部，里面还不免有挖补之后，忘记把字补了进去的，其他数部，竟有整幅空白，忘记作图的事，公家办事，总是不免马马虎虎。

文溯阁　《四库全书》的第二部，民国三年（1914），曾由东北运到北平，民国十四年（1915）又运回沈阳，现在已无法知其下落。

文源阁　《四库全书》的第三部，咸丰十年（1860），英法联军之役，被毁灭了。

文津阁　《四库全书》的第四部，民国四年（1915）运到北平，现归"北平图书馆"保管。

文汇阁　续钞三部之一。咸丰四年（1854），太平军陷扬州，完全被毁。

文宗阁　续钞三部之一。道光二十一年（1841），鸦片战争，遭英军毁损一部分；到咸丰三年（1853），太平军陷镇江，完全被烧毁了。

文澜阁　续钞三部之一。咸丰十年（1860），太平军陷杭州，建筑物倒了，书也散失。当时藏书家丁甲、丁丙兄弟，冒险收了八千一百四十册。光绪六年（1880），重建文澜阁，丁氏弟兄送还阁中，以后续收补钞，大体复原了。抗战时曾运到四川，现在已不知其下落。

《四库荟要》，是在《四库全书》中，择其重要的，选出四百七十三种，钞成一万一千一百七十八册，分成二千零一函，共缮两部，一部存在御花园里的摛藻堂，一部存在圆明园的味腴书室，便于皇帝随时取阅的。这两部书，比《四库全书》缮写得工整，书匣使用木料及制作，都比《四库全书》讲究。圆明园的一部，毁于英法联军之役，现在仅存摛藻堂这一部，有很好的木柜贮存在那里，也没有集中的必要了。

除了上述文渊阁的《四库全书》，与摛藻堂的《四库荟要》之外，在文渊阁及乾清宫所存的《图书集成》各一部，也是同样情形，没有被集中到寿安宫的库房里去。

文献馆保管之物，以档案为大宗，他们和图书馆一样，把档案集中到南三所的库房去，便可以自由地整理编目，不受"出组"规定的限制。

现在，我们该谈文物的审查工作了。

文物审查工作，在故宫博物院，那是非常重要的事，我们已经说过，点查之时，担任"查报物品"职务的人，唱报名称的根据，是物品上原签，例如书画，外面的签上，都注有品名；或是宫里太监在器物上贴的小黄签，写有器名，万一这两项根据都没有，只有由他诌出一个名字来，如果他有一些古物常识，会诌得不离谱，如果他一点常识也没有，他报的名称，那真是不可想象，像什么古铜痰盂（尊）之类的都出来了。以上这三种情形，除了物品上的原签，大致不差外，其余的都有审查之必要，太监们的原签，也是靠不住的。

审查名称之外，还要鉴定真伪。有人说："宫里的东西会有假的？"宫里的东西有假的，而且不少。这些假货是哪里来的呢？其来源可能是下列几条路子：

一、大臣的蒙蔽　从前专制时代，皇上的万寿，大臣们都要送些寿礼，他们的师爷，便要早早地就张罗起来，希望得到一些真而精的东西，呈奉进去，博得皇帝欢心。不过，他们有一件事是放心的，皇帝根本不懂古董，把一张黑糊糊的山水画，填上宋人甚至唐人的款，装潢得好一些，给太监们送一些红包，便万事妥当了。宫里面怎会没有赝品？不过，这位师爷若是生不逢辰，正好是乾隆皇帝御极之时，那便要小心一点，否则主人在皇帝面前碰了钉子，自己的饭碗，也会发生问题，因为乾隆皇帝多少是懂得一些古董的。我曾看过一个奏折，是一位外放的大臣，不知道在什么地方弄来几幅宋朝人米芾的字，他以为这是"宋四家"之一的字，应该是宝贝，缮折进呈，结果，皇帝在上面用朱笔批了四个大字："假的不要"。碰了一鼻子灰。清代十个皇帝，有几个懂古物的？假货怎能不充斥内府？

康熙时，有一位著名的大臣高士奇，也是一位收藏家，在他的著作《江村书画目》里，把自己的画，分做九类，其中一类是叫作"永存珍秘"，注明是真品而值昂的，自己保存，从不示人。有所谓"进"的，用以进呈；有所谓"送"的，用来做馈送之需，都注明"赝迹且值极廉"。高士奇本是一位画士，康熙南巡，欣赏他的作品，把他带回京来，官运亨通，位至列卿，精于鉴赏，又深得康熙的知遇，他还拿赝迹进呈，其他的人，那些根本不知什么叫真，什么叫伪的，怎会不以伪品充贡呢？

二、太监的抵换　民国以后，太监的盗换，已然是毫无顾忌的事，中正殿之失火，也就是盗换太多，一火了之。清室善后委员会点查养心殿时，发现有内务府报告失火情形及修理火场价单各一纸如下：

> 谨查五月十三日（即一九二三年六月二十六日），夜，德日新失慎，延及延春阁、静怡轩、广生楼、中正殿、香云亭六处，经臣等会同王怀庆、薛之珩、聂宪藩等，督饬消防队当场救护，遂即会商清理人底办法。……现在清理完竣，所有检拾熔化佛像经板铜锡等项，共五百零八包；金色铜片及残伤玉器等项共四十三箱。复经臣等前往详勘，恭查残缺佛像，亟应量加修饰，敬谨供奉，焚毁经板情形较轻者，拟交中正殿尊藏保管，其熔毁铜锡玉器等件，择其完整者四十九件，交进；其余残缺不齐者，交由中正殿司员，妥为收存。谨此奉闻。

事实上，焚毁不止六处，除报告中所列六处外，还有慧曜楼、吉云楼、碧琳馆、妙莲花室、积翠亭、玉壶冰等处。所毁房屋以多报少，则火后烬余，也必定以多报少了，蒙蔽恶习，已成习惯。关于此事，慎言著《故都秘录》里，所记载的是当年溥仪相信英国教师某人之言（按当是庄士敦），想要大肆点查古物，宫监盗卖已久，惧罪纵火所致，其说颇可信。惧罪能出以纵火一途，所盗卖之多，可以见了。盗卖之外，兼以盗换，宫中怎会没有赝品？

基于上述原因，审查委员的聘请，是相当重要了，各按照所保管的文物性质，分别聘请专家。

古物馆所聘请的委员，有：

丁佛言　关冕钧　郭葆昌　容　庚　廉南湖　福开森

王　禔　邓以蛰　朱文钧　吴　瀛　陈汉第　沈尹默

俞家骥　柯昌泗　溥　侗

图书馆的专门委员，是：

卢　弼　陶　湘　洪有丰　刘国钧　朱希祖　朱师辙

傅增湘　陈　垣　张允亮　俞家骥　赵万里

文献馆的专门委员，是：

陈　垣　孟　森　胡鸣盛　马裕藻　汪　申　朱启钤

傅斯年　顾颉刚　罗家伦　梁思成　陈寅恪　钱玄同

朱希祖　徐炳昶　吴承仕　周明泰　齐宗康　蒋廷黻

吴廷燮　姚士鳌　鲍奉宽　郑颖孙

审查的情形，图书馆、文献馆方面，可能是专门委员随时到院，在各库房中做指导的工作，因为我个人不在这两馆工作，而来台职员中，除了已故的梁廷炜先生是在图书馆工作外，没有其他的人来台，不知其详。这里只把古物馆方面的情形，简述一些。

古物馆保存古物，品类不少，成立了审查委员会的，只有铜器、瓷器、书画三项。

铜器的审查是由副馆长马衡先生主持，他是北大教授，讲金石学，容庚、唐兰都是他的学生，他把容庚先生约来同做审查工作，院里职员，由吴玉璋先生经管其事，这一组因为文物量数比较少，人员配备整齐，很快便把全数审查完毕。

瓷器的审查工作，由郭葆昌委员主持，时常来参加工作的委员是福开森先生。郭先生的研究瓷器颇有声望，把故宫的瓷器找出一个系统来，是他的功绩，虽然现在有人批评他有一些错误。他曾替袁世凯到景德镇烧过一窑洪宪瓷，他曾与工人一同工作，亲自入窑查看，所以他对瓷器的了解，比别人要深刻一些。院里职员，由李鸿庆先生经管其事。瓷器的数量太多了，完全审查完毕，不是一时办得了的。

书画的审查工作，参加委员比较多，关冕钧、郭葆昌、廉南湖、福开森、邓以蛰、朱文钧、吴瀛等委员，都是常常到的。审查的手续，是在审查之日，由院中经办其事的朱家济、牛德明等先生，先把准备审查的画挂好，手卷、册页，放在桌上。委员来后，自己先看一遍，等委员到得多了，大家一齐走近一画，共同研究，把决定的意见，由朱家济先生登记在簿子上，然后再去看第二张。这个办法，产生了一个毛病出来，有一个人先开口说出了"真"，别人也就不好再说"假"，大家本是为了来看看画，谁还和人去争执，就这样定了案，朱家济先生本是家学渊源，对于古画颇多经验，每次审查结束，他总不免生一阵气。

现在，我们谈文物流传。

文化的宣传，流传的工作是很重要的，故宫博物院的流传工作有二：一是传拓，一是刊印。

在印刷术没有发明到照相影印之前，对于铜器的形制、铭文，流传方法，只有传拓。著名的散盘，外间难得拓本，在清室善后委员会时，便有人出高价想得一张铭文拓片，后来只好由院中传拓，公开发售，每张要卖到五十元，买的人仍是很多。现在，各部门都在发展起来，传拓工作，也扩充到嘉量、宗周钟、曾伯琦壶、颂鼎、大鼎等。这时珂罗版的印刷已普遍了，就钤拓一张之后，把它们影印出来，像散盘、嘉量、宗周钟等，还有与器形原大的印本，每份只售六角。拓片的生意渐渐不成了。

故宫所藏印章，也是不少，一部《金薤留珍》，就有一千多方，以前曾经钤拓过二十四部，费时费事不少，现在把原来钤拓本影印起来。又有毓庆宫藏汉铜印、避暑山庄藏汉铜印，也都钤拓一份，再根据拓本影印出来。

刊印方面，自己设立了照相室，自己设立了印刷所，非常方便，当时出版刊物，定期性的，有：

故宫月刊 是古物方面综合性的定期刊物，每月一册，以法书、名画、铜器、瓷器、玉器为主，也加入一些雕刻、文具、漆器、珐琅之属。

故宫周刊 性质同上，每周出版一次，大小与一般画报相仿，是用四开铜版纸，两面精印，内容比月刊广泛，凡是本院文物，无论古物、图书、文献，以及宫廷建筑等，各方面的材料都有。

故宫书画集 仅印法书与名画，不掺杂其他文物，原则上也是每月一册。

史料旬刊 每旬出版一次，专载各项档案中的重要史料。其属于专刊性质的，种类更多，法书方面的，如王羲之快雪时晴帖、褚遂良倪宽赞、陆柬之文赋、颜鲁公祭侄文稿、唐明皇鹡鸰颂、唐人月仪帖等；名画方面，如卢鸿草堂十志图、刁光胤写生花卉、赵干江行初雪、李公麟白描免胄图等；图书方面，有各种书目、射阳先生存稿、淮海居士长短句等；文献方面，有三藩史料、清代文字狱等。

其他如各种明信片、书画单页、日历、贺年片等，名目繁多，不一一列举。

现在谈参观地点的扩充。

故宫博物院在院外所属地点，也开放参观了几处：

一、太庙 太庙是明清两代供奉列圣功臣的地方，列为大祀。凡是登极、亲政、监国、摄政、大婚、上尊号、祫庙、郊祀、万寿、册立、凯旋、献俘、奉安梓宫、每年四孟，及岁暮大祫，都要祭告，殿外松柏林立，许多白鹤栖息在这树林之内，故宫博物院把太庙辟成公园，白鹤栖息的松林，用铁丝圈起来，不要游人扰乱它们的生活。

二、景山　景山在神武门的对面，一座土山，上面有五个亭子，正面一个，两旁各有二个，排列得很整齐。这里在元时，为"御苑"，又叫"后苑"，范围比现在为大。《顺天府志》卷三引《析津志》的话，说：

> 厚载门，禁中之苑囿也。内有水碾，引水自玄武池，灌溉种花木，自有熟地八顷；八顷内有小殿五所。元代诸帝，尝执耒耜以耕，拟于籍田也。

明代才有景山，是把凿紫禁城护城河的泥土堆积而成。元时宫城，并没有护城河。有人说这不是一座土山，里面藏有煤，所以叫"煤山"，这是不可靠的。明时虽有景山，山上无亭，山后却有寿皇殿、观德殿，位置在山后偏东之处，不是现在的寿皇殿。

清乾隆十四年（1749），改建寿皇殿于景山中峰之北；乾隆十五年（1750），又在景山上左右五峰之顶，各建一个亭子，当中一个名万春亭，左边两个，是观妙、周赏；右边两个是辑芳、富览。山上遍植松柏，翠色参天。山下有倚望楼，山的东麓，有一株古槐，明思宗殉国时，就缢死在这株树上，故宫博物院在这里树碑一座，上书"明思宗殉国处"。

景山常常被作驻兵之所，张勋复辟之时，在山巅架炮与崇文门驻守的段军互相射击。冯玉祥军队在北平时，时有警报，为安抚人心，也曾在景山架高射炮，冯军去后，高射炮并未携走，我们好奇，上山看看高射炮是什么样子，走近一看，原来是两个车轮，架着一个竹筒，上面覆以油布而已。

景山也开放参观了，参观故宫完毕，有许多人都到这里浏览一番，九九登高之日，来的人更多了。

三、神武门楼　神武门是紫禁城的后门，故宫博物院成立之时，外廷三大殿已与内廷隔开，成立了古物陈列所，神武门变成故宫博物院的大门。这里陈列了一些鸾驾仪仗，也开放参观了。

现在谈到修缮工程。

宫中建筑，本来非常牢固，有些看着破旧的，是年久失修之故。故宫博物院想把内东路各宫殿，一律辟成古物馆的专门陈列室，便大事修缮。所谓东六宫的，是：钟粹宫、景仁宫、承乾宫、景阳宫、永和宫、延禧宫。延禧宫因为破坏不堪，在这里修建一个新式的库房之外，其余五宫及斋宫，都加以修缮，辟为专门陈列室，前面已经说过。内西路的咸福宫也经修理，辟为乾隆御赏物陈列室。

另外比较大的工程，是景山上五个亭子的修缮及神武门前马路的改道。景山上的五个亭子，高耸在山上，破旧不堪，太不雅观，一律加以油漆彩绘，远远望去，好看多了。神武门前的路，本是北平东西城交通要道之一，路面既窄，又是土路，两面汽车对开，仅能勉强通过，遇到阴雨，泥泞不堪。自从故宫博物院开放参观以后，常常拥塞不通。故宫博物院与北平市政府工务局合作，在景山的北上门，与万岁山门之间，开辟一东西大道，于是北上门变成了神武门前的又一道门了。原来的路，堵塞不用了。

最后应当提到的事，便是处分物品了。

处分物品的动机，是觉得宫中有许多与历史文化无关的东西，存之无用；还有一些东西，存之日久，已将腐毁。不如把它们处分掉，为博物馆筹一笔基金。这个拟议，经理事会通过，并呈经政府核准之后，就开始筹备起来。

　　处分的物品，是金砂、银锭、茶叶、药品、布匹、衣服等，由理事会主持，秘书、总务两处执行。

　　金砂是由金店里派人来熔成金块，然后与银锭一齐出售，金银有一定行市，是没有问题的。

　　其他各物，本打算整批标售出去，可是没有人肯大批买去，因为大部是腐坏不堪用的。例如茶叶，七间大殿里堆得满满的，其中除了少数的普洱茶、茶膏，还可用外，其余的完全无用了。不得不采零售办法。记得出售不久，我也用了三元买回一箱碧螺春茶叶回去，回到家中，父亲一看便说这茶叶已无用了，告诉我不要再买，后来我看到同事及外面的人，每次都买几箱回去，我心里想，这些傻瓜，花钱买废物。再一打听，他们买了回去，把茶叶往垃圾箱一倒，拿着空锡筒到打磨厂去卖，每个可赚一二元，因为这锡罐都是上好的锡，赚了钱还得一个小木箱，真是何乐而不为。原来我才是傻瓜呢！

　　绸缎的销路不坏，买过的人，不少是上当了，因为绸缎放日久了，已不牢固。记得有一次，由库里提出一批牙白色的料子，是丝织品而较厚，有人看出，用它做西服裤子最合适，传说出去，总务、秘书两处的人争着抢购，半天时间，已经抢光，三馆人员，得到消息，已来不及了，大家不免有怨言，谁让自己不是近水楼台呢？但是，他们花了手工钱，做成之后，穿了不到一个星期，裤脚下便都破了。衣服的情形，也是如此。

　　药品根本不多，也被近水楼台购完，有一位同事深以未买到官中的"万应锭"为憾，另外一个人安慰他说："希望老天爷保佑您不生病，比存药好的多呢！"

北伐成功后故宫博物院的忧喜

故宫博物院自成立以后，始终在风雨飘摇之中。民国十七年（1928）六月，革命军北伐成功以后，院中同仁认为此后必得政府的同情援助，从此改变了这不死不活、苟延残喘的局面。欢喜非常。

　　正在大家喜喜欢欢地，准备添加陈列室，继续开放参观，展开工作之际，晴天霹雳，"废除故宫博物院"的提议，被国府委员经亨颐提出来了！这个消息，传到谁的耳里，谁都不相信。大家都认为，这种建议，不会在国府会议中得到同意的。不久，消息又来了，说：在十七年（1928）六月二十七日国府第七十四次会议中讨论此案时，已接受了这个建议，把原案函请中央政治会议再行复议了。故宫同仁真是愤慨极了，认为经先生一个人不了解故宫有什么东西，也不知这些东西，是中华民族数千年来的重要文化遗产，还有可说，国府委员中难道一个懂的也没有吗？大家在北洋军阀肘腋之下，艰苦奋斗，幸未散失于军阀横恣之手，反在国民革命成功之后，要废除故宫博物院，国民政府将来何以自解于后世？马衡等五位接收委员，代表全体同仁，把大家奋斗的经过，与经亨颐的提案，做成简单说明，陈述于国人之前；张继先生又以大学院古物保管委员会主席名义，上政治会议一文，驳斥经先生的谬论。我们先把经先生的提案，原文钞录在下面，供大家欣赏：

前次常会，提出故宫博物院条例，我曾表示，对于名称，略有疑义，后主席说，将来再可提出讨论；因其他积案甚多，故不复多说。现在是否算正式通过，鄙见窃以为此案极宜研究，因再提出动议如左：

我所怀疑的，不但对于名称，而且认为此种机关，大规模的设置许多理事、院长和办事人，实在没有什么意思。

先论名称。这五个字分为两截，均不妥当。故宫二字，就过去事实，以清宫为故宫，原是不错，但我国文学上的习惯，故字觉得很有怀念的意思，例如古碑，什么故什么将军之碑，以及故乡的故字，也可以联想。总之，故宫二字，不免有禾黍离离之感，是不是应该的？与其称谓故宫，不如称为废宫。其次，故宫而称为博物院，更大不妥，简直不通。

故宫博物院内所有物品，到底博不博？据我所知道，博物院只有两种办法：一种供研究用的，例如历史博物馆、教育博物馆之类。要想教育办得更好，应设这种博物馆陈列各种模型或研究结果，其他一切实验等，故宫博物院，如其作为这种性质，那么是研究宫内应如何设备，皇帝所用的物事应当如何办的，岂不是预备哪个将来要做皇帝，预先设立大典筹备处吗？这一定不是的。

还有一种范围很广，分门别类，无所不备的，就是要实做一个"博"字，所谓扩充教育的性质。试问故宫里这几件珍贵品，不过古董一小部分，并且照现在的组织，有什么图书文献，决不是一般博物馆所有的事。图书馆是另有大规模独立的必要，这个组织，万万不像。博物馆的组织既不博，又不合用，故宫博物院五字连缀起来，简直可说是一种莫明其妙的机关。所以我的意见，不如根本废除为是。所以主张废除的理由，不但是名称，如仅论名称，故宫博物院认为不妥，根据事实改一个"废宫奢侈品陈列所"，好不好？我想主张故宫博物院的人，一定不赞成，因为太不重视了。

但我要问：皇帝物品为什么要重视？据我的理想，皇宫不过是天字第一号逆产就是了。逆产应当拍卖，将拍卖大宗款项，可以在首都造一所中央博物馆，至多将清宫物品中有可以供美术研究所分别陈列，而且不必特设一室，表明为清宫物品，应当分类并列在其他性质相同的荟在一处，标明是清宫物品，未始不可。至于像漆雕宝座等皇宫气十足的东西，我以为不使后人看见更好。以雕漆为美术，别的雕漆正多，不是宝座，就无所谓皇室物品，归在一般的博物馆中，永久保存的目的，并不两样。

老实说，故宫博物院难免有黑幕，现在的几位理事先生，或不至如此，听说前已经有人制成赝品携去易换真物的把戏，将来一定有骨董欲的人混到里面去，稍不注意，不到一二十年，所谓故宫的珍品，尽成赝品了。保管二字，简直变成保完，决不是现在所以设立这机关的本意。

我的办法，图书应当分出，另办图书馆，在首都也不可少的；关于文献，可以交给中华大学负责；现在所定的故宫博物院条例即决意废止，所有理事一起改为中央博物馆筹备委员，另订委员会条例，主要责任，是审查所谓故宫博物，哪一件可以拍卖，哪一件可以保存，当然要由中央议定几条原则。这种头等逆产，价值一定不小，不但好骨董的，还有好奇的，因为是皇帝物品，买的人必多，骤得巨款，立刻可将博览会破屋，使他焕然一新，事半功倍，首都一个伟大的博物馆，可于最短期内成立，似乎比没意思的故宫博物院，年年花许多钱维持下去，好得多哩。是否？请公决。

经先生的大文，可能是关在自己书房里写的，因为他不知故宫的真实情形，也没有看到过世界博物馆的情形。他认为故宫所藏器物，就是皇帝的逆产，而不知官中所藏，百分之八十以上，是我国数千年来的文化遗产，这些东西，虽然经过清室保管了一个时期，现在又还给了人民，怎能说这是逆产？比如说，我们家里的东西，被人偷去了，经过破案之后，原物发还给我们，我们能说这是贼赃，而丢了它？他又认为故宫的东西没有多少，他说："故宫里这几件珍贵品"，哪里知道故宫收藏中国古艺术品之富，是世界任何博物馆所不及。记得有一次，一位伦敦大英博物馆的东方部主任到台湾来，我们打开一箱明青花大碗给他看，他立刻张大了口，半天说不出话来，最后他说："你们有这许多，我们有一件，已经当宝贝了。"这只不过是一箱而已。可惜经先生没有亲自去看看，凭想像来论事，怎能不受指摘？张继先生就以大学院古物保管委员会主席名义，上政治会议一文，驳斥他的谬论，我们也把此文钞录在下面，俾读者可以参照看看。

为呈请事：窃故宫博物院成立已将四年，竭数百人之心力，维持于危难之中，幸免摧残。北伐既成，北京既克，钧会正式通过故宫博物院组织条例，派员接收，保障文化之功，中外人士所共钦仰。乃昨读报章，见经委员亨颐废除故宫博物院拍卖古物之提案，不胜惶骇。考其所持，约有五端：（一）故宫博物院名称不通。（二）研究皇帝所用的物事，是预备哪个将来要做皇帝。（三）图书文献，非博物院所应有。（四）逆产应当拍卖。（五）保管问题。强词夺理，莫此为甚。今谨逐条批驳，为我政治会议诸公陈之。

一、经委员说："故宫而称为博物院，简直不通。"又说"有怀念的意思"。故宫二字，不过表示以前彼处曾为"宫"而已，又何怀念之足言？至于故宫博物院联络成文，不过表示博物院所设之地点为故宫，与上海特别市政府七字联络成文，表示市政府所在地点为上海相同。此种用法，触目皆是，从无异议，何对于故宫博物院独有问题耶？且夷考欧洲各国，以旧时皇宫改作博物院者，不一而足，且多以某宫某宫冠于博物院上，而为之名。如巴黎之"狼宫博物院"（Musee de Paris du Louvre）等皆是。至如柏林之 Schloss Museum，直以"皇宫"名之矣，又岂故宫而已哉？此尤足证故宫博物院之名称，准诸世界而可用者也。

二、经委员又说："故宫博物院，若作为研究性质，那么是研究宫内应如何设备……岂不是预备哪个将来要做皇帝，预先设立大典筹备处吗？"是说诚荒唐之尤者。研究以前的历史，是完全学术之供应，而非为实行彼时之现象。现在世界学者，争研究近代野人之生活，及发掘荒古时代原人之器物，若以经委员所说例之，是则近代学者，欲弃其进化之生活，而履行古人之茹毛饮血穴居野处乎？譬如医生研究病状，是为得治病之方法，绝无人焉，以为彼之研究病状，为预备实行患此病也。故宫博物院亦何不可作此观察？参观者见宫墙高且多，无异图圉，见宫中生活之黑暗，一无乐趣，或可兴起其薄视天子重视平民之念乎。

三、经委员又说："图书文献，决不是一般博物馆所有的事。"

殊不知伦敦之英国博物馆（British Museum）就包有图书文献两部分。相类之博物院，亦欧美所习见者，从未闻世界学者，有所批评者也。

四、经委员又说："逆产应当拍卖"，逆产应否全数拍卖，已成问题。法国大革命，其雄伟之风，激昂之气，迈越往古，为后来各国革命者之先导。然方其拍卖法王室之产业也，亦有"与历史有关之建筑物物品等除外"之令。且故宫已收归国有，已成国产，更何逆产之足言？故宫建筑之宏大，藏品之雄富，世界有数之博物院也，保护故宫，系为世界文化史上尽力，无所谓为清室逆产尽力也。且故宫诸藏物，皆由明清两代取之于民，今收归国有，设院展览，公开于民众，亦至公也。与拍卖以后，仅供私人之玩弄者，孰公孰私，不待辩而即知矣。

五、经委员又说："从前已经有人制成赝品，携去换易真物的把戏。"想系对于冯总司令玉祥、鹿总指挥钟麟而言。当时清室遗老，恨溥仪之被逐，奉系诸逆，畏国民军之威严，亟思有以中伤之，造作谣言，载诸报纸，别有政治作用，遂有种种传说。然冯总司令之从未履宫门一步，鹿总指挥之奉公守法，不畏勤劳，凡参与清宫物品点查者，类皆道之，本会委员马衡、沈兼士诸君，身与目击，尤能绝对担保人言之不足信。经委员此语，采及流言，想明察如政会诸公，必不轻信之也。经委员又说："现在的几位理事先生，或不至有黑幕……不到一二十年，故宫的珍品，尽成赝品了。"这两句话，岂不是有意自相矛盾，说现在的诸位理事不可靠吗？图穷而匕首见，其谁信之？现欧洲各国，为供历史之参考，对于以前皇政王政时代物品，莫不收罗保存，惟恐落后，即苏俄在共产主义之下，亦知保护旧物，供学者之研究。至于美国，以新建国家，自己原无故物，亦争往欧洲寻购，其不可得者，更以石脊模形代之，其惜古之心，何其壮耶。至于档案，虽一纸之微，亦不肯弃之，本国者不足，更求之于他国，伦敦英国博物院所藏广州总督衙门档案甚夥，研究太平天国时事者，莫不求助于兹，海参崴博物院所藏东三省档案亦至多，前年苏联驻北京大使馆参赞伊瓦诺夫，且要求北京大学派人往海参崴，代为整理，议虽未成，然苏俄之注意文物，由此可见。一代文化，每有一代之背景，背景之遗留，除文字以外，皆寄于残余文物之中，大者至于建筑，小者至于陈设，虽一物之微，莫不足供后人研究之价值，明清两代，海航初兴，西化传来，东风不变，结五千年之旧史，开未来之新局，故其文化，实有世界价值，而其所寄托者，除文字外，实结晶于故宫，及其所藏品。近来欧美人士，来游北平，莫不叹为大可列入世界博物院之数。即使我人不自惜文物，亦应为世界惜之。环观海外，彼人之保惜历史物品也如彼，吾人宜如何努力，岂宜更加摧残？且故宫之内，所藏与革命史料有关者颇多，汪精卫之供词，赵尔巽、徐世昌等身事民国仍向溥仪称臣之证据，段祺瑞因此，屡次思加以摧残，赖多方之护持，始未得逞。今经委员一加提议拍卖物品，逆证随消，是何居心，诚不敢加以臆测也。两月以前，张作霖亦有提取故宫物品之议，本会曾电当时主院事者之王士珍、袁金铠等，谓"国宝摧残，国刑具在，请慎保护，以免国诛。"王等深惧物议。足见摧残文物，谁敢尸名？维护历史，莫肯居后，即张作霖，亦不敢排当时清议，受千载恶名也。至经委员以为拍卖古物，可以建筑博览会，是直如北京内务部之拍卖城砖以发薪矣。尤而效之，总理在天之灵，亦必愤然而不取也。今者北平初克，外邦人士，对于吾党之措置，异常注意，若不建设是尚，专加破坏，文化摧残，谁负其责，是为钧会所不取。本会保管古物，职责攸关，心所谓危，不敢缄默，明达如诸公，必能排除邪议，保障文化。敢请仍照原议，设立专院，使有责成，而垂久远。后来学者幸甚，世界文化幸甚。谨呈中国国民党中央执行委员会政治会议。大学院古物保管委员会主席委员张继。

这事经中央政治会议第一五五次会议讨论，一致认为有维持原案之必要，函请中央常务委员会维持原案，函请国府依故宫博物院组织法公布；又经九月二十四日第一六九次中常会议议决函国府照原案公布。故宫博物院岌岌可危之势，至此始告稳定。

国府在十七年（1928）十月五日，公布了故宫博物院组织法。组织的内容，重要的是：

一、故宫博物院直隶于国民政府。

二、内部组织分两处三馆，人事分配是：

秘书处　秘书长一人，秘书二人。

总务处　处长一人。

古物馆　馆长一人，副馆长一人。

图书馆　馆长一人，副馆长一人。

文献馆　馆长一人，副馆长一人。

各馆处都是分科办事。此外为了学术上的需要，可以设各种专门委员会。

博物院的议事及监督机构是理事会，理事会的条例，是十月八日公布的，这个会的最大任务，是：

一、故宫博物院组织法之修改事项，

二、故宫博物院院长副院长之人选事项，

三、故宫博物院之预算、决算事项，

四、故宫博物院物品保管之监督事项,

五、故宫博物院物品之处分事项,

六、故宫博物院专门委员会之设立事项。

十月八日国民政府发表了第一届理事名单,是:

李煜瀛　易培基　黄　郛　鹿钟麟　于右任　蔡元培

汪精卫　江　瀚　薛笃弼　庄蕴宽　吴敬恒　谭延闿

李烈钧　张人杰　蒋中正　宋子文　冯玉祥　阎锡山

柯劭态　何应钦　戴传贤　张　继　马福祥　胡汉民

赵戴文　班禅额尔德尼·恩克巴图

后来又由理事会继续推举十人如下:

马　衡　沈兼士　俞同奎　陈　垣　李宗侗　张学良

胡若愚　熊希龄　张　璧　王宠惠

总计第一届理事共是三十七人。

在第一次理事会中,推举李煜瀛、张继、易培基为常务理事,李煜瀛为理事长,易培基为院长。

院长易培基来到北平之前,函托马衡、沈兼士、俞同奎、萧瑜、吴瀛等五人为代表,办理接收事宜。那时,除萧瑜外,其余四位,都是故宫旧人,接收也很方便。当时易院长请他们接收故宫之外,还要接收清史馆及颐和园。清史馆是接收了,颐和园已另有人接收,只好作罢了。

院里的人事,到十八年(1929)二月,才由国府正式任命易培基为院长,三月五日决定各馆人事如下:

秘 书 长　李宗侗

总务处处长　俞同奎

古物馆馆长　易培基(兼)　副馆长　马　衡

图书馆馆长　庄蕴宽　　　　副馆长　袁同礼

文献馆馆长　张　继　　　　副馆长　沈兼士

现在到台湾来的同事，庄尚严、吴玉璋先生和我，仍在古物馆工作，已故的梁廷炜先生在图书馆，张德恒先生在照相室。

院里的工作是展开了。首先，我们谈展览方面。先从古物馆说起。古物馆的展览室，有两种：一种是把一个殿宇腾空、粉刷，成为一个大规模的陈列室，叫做"专门陈列室"，地点都在内东路。参看下表。

内东路最北端的"北五所"，在景阳、钟粹宫之后，是：如意馆、寿药房、敬事房、四执库，及古董房。这五处，除了敬事房所存东西比较少，腾空做瓷器、玉器的集中库房之外，其余四处，储物太多，无法辟作展览室，延禧宫宫殿早毁，改建了泰西式的水晶宫，也已破坏，在这里建造一座库房，准备把重要文物，贮存在这里。其余的钟粹宫、景阳宫、承乾宫、永和宫、景仁宫，及南边的斋宫，就都辟作专门陈列室了。

乾清宫左边的六个宫叫做东六宫（景阳宫等）
乾清宫右边的六个宫叫做西六宫（储秀宫等）

钟粹宫　原名咸阳宫，嘉靖十四年（1535），更名钟粹宫。明末是皇太子的住所。这里陈列名画。

　　景阳宫　原名长阳宫，嘉靖十四年（1535）更名景阳宫。明孝靖后曾在这里居住。后殿有乾隆御笔"学诗堂"三字，对联是"多识本探风雅颂，仅存古汇画书诗。"这里本是贮图书之处，所以后殿又有御书房之称。康熙二十五年（1686）修葺后，一直没有人住，渐渐变成储藏所，清代在此还保存着大批瓷器。房屋只是破旧而已。经油饰后，辟作宋、元、明瓷器展览室。

　　承乾宫　原名永宁宫，嘉靖十四年（1535）更名承乾宫，明时东宫娘娘居住。清时无人居住，早已沦为豢养鱼鸟之所，到宣统时，满院榛芜，檐瓦圮侧，经重加修理，辟作清代瓷器陈列室。

　　永和宫　原名永安宫，嘉靖十四年（1535）更名永和宫。这里是辟作钟表陈列室，陈列一些奇异的钟表，例如有一个"写字人钟"。方桌之上，有一个亭子，亭上是钟，亭内有一人，右手执笔。把弦上好，这个人就自动写起字来，写的是"八方向化，九土米王"八个字，写完之后，就停下来。又有一"魔术钟"，一个人立在桌后，两手各执一个像碗的东西，把弦上好后，他把两个碗扣在桌上，左顾右盼一阵，双手举起两碗，碗下是两个圆球，左红右白。然后他又把碗扣上，再左右看看，把碗举起时，看到那两个球变成左白右红。再扣一次，又变得一个球没有了，就这样变化，到弦尽为止。诸如此类，都是一般人喜欢看的，所以这个展览室是最拥挤的一个。

　　景仁宫　原名长宁宫，嘉靖十四年（1535）更名景仁宫，本是光绪珍妃的寝宫，珍妃死后，一直没有人住，日久渐颓毁，经大事修理之后，辟为铜器陈列室。

　　斋宫　斋宫不在东六宫之内，位于景仁宫之南，其名不见于明史，以地点言，可能是明代的宏孝殿所改建。此宫建于雍正九年（1731），凡南郊及祈谷常雩大祀，皇帝都在此致斋，后来用为帝师退憩之所，所以房子不旧，再加油饰一番，即可使用，辟为玉器陈列室。

★凸缘璧（新石器时代晚期）

★冉爵（商）

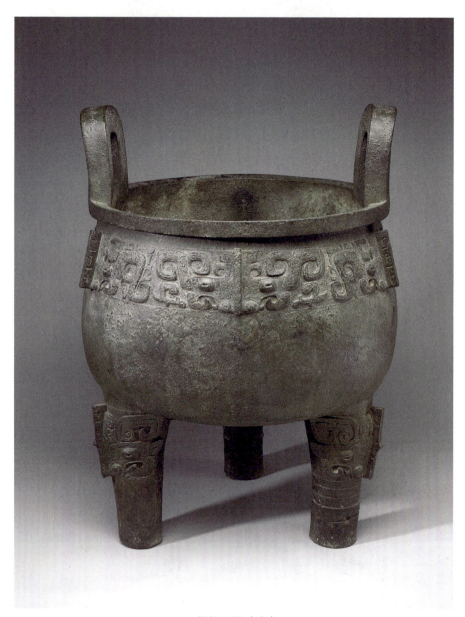

★佣祖丁鼎（商）

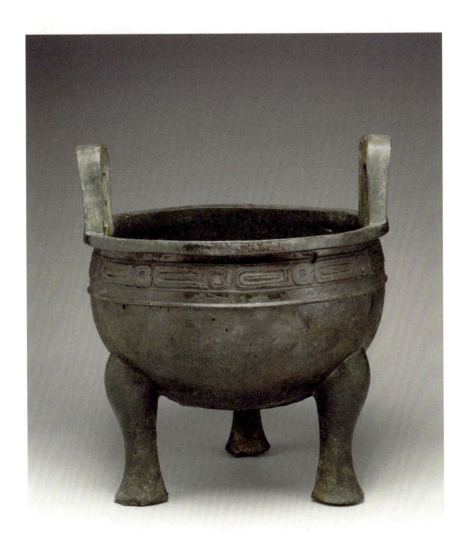

★毛公鼎（西周）

★垂鳞纹弧形壶（春秋）

★曾姬壶（战国）

★越王嗣旨不光剑（战国）

★未央宫东阁瓦砚（西汉）

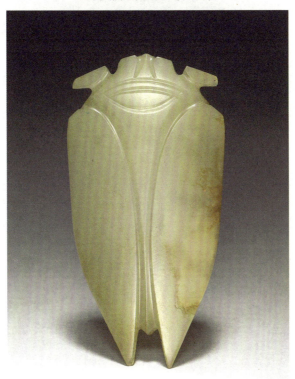

★玉蝉（西汉）

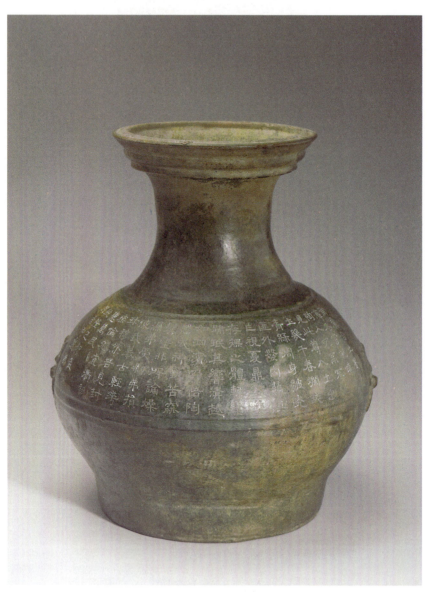

★ 绿釉陶钟（东汉）

上面是所谓"专门陈列室"，另外在中路，又有许多一般性的陈列室，利用大殿两旁配殿，规模都不大：

象牙陈列室　在坤宁宫东门堂，陈列整只象牙。

雕刻象牙陈列室　在坤宁门西门堂，陈列清初雕牙精品。

剔红陈列室　在坤宁宫东暖殿，陈列明清剔红漆器。

如意陈列室　在御茶房，陈列各式镶嵌精品如意。

陈设陈列室　在坤宁宫西庑，陈列雕嵌插屏等陈设品。

景泰蓝陈列室　在日精门北门堂，陈列明清景泰蓝器。

雕刻陈列室　在日精门南门堂，陈列雕刻精品。

碑帖陈列室　在坤宁门西庑，陈列宋明及清初旧拓碑帖。

缂绣陈列室　在景和门北屋，陈列缂丝及织绣。

拓本陈列室　在坤宁宫东庑，陈列院藏铜器石刻等新拓本。

文具陈列室　在坤宁宫西暖殿，陈列古砚及明清御制笔墨笔筒等文房用品。

清画陈列室　在批本处，陈列清代名画。

另外在内西路也有两个陈列室，是木器陈列室，一个在抚辰殿，一个在建福宫；还有一个乾隆御赏物陈列室，陈列乾隆珍赏小精品，在咸福宫。

其次，我们谈图书馆的展览室，他们比较少，只有两个，一个是展览写刻各本佛经及清初旧画佛像，地点在慈宁宫；一个是图书陈列室，陈列殿版等书籍，地点在慈宁花园，都是在外西路。

文献馆的展览室，都在外东路。

万寿图陈列室　在皇极殿，这个殿是外东路从南数起的第一个殿。乾隆退位后，就住在外东路，嘉庆元年（1796）朔旦，授玺礼成，乾隆御此殿受嘉庆衮衣彩舞，晋万万寿觞，率天下万国耆叟八千余人，呼嵩抃蹈，一时丹墀上下，紫垣内外，欢声若雷。由文献馆整理后，陈列万寿图、光绪大婚图，及历代名臣像。

舆图陈列室　在宁寿宫，这个宫在皇极殿之后，清乾隆四十一年（1776）金川平定，还师奏凯，皇太后亲临此殿，赐给皇帝珍膳，就阶下赐成功将佐及近臣食物。自此以后，每逢佳节，凡在宫廷受贺、曲宴诸典，时常到此举行。乾隆六十年（1795）归政后，定此宫为太上皇宴憩之所，一直到光绪亲政，慈禧太后也住在这里。院中把它辟为舆图陈列室，并陈列乾隆南巡图及乾隆行乐图等。

档案陈列室　宁寿宫的后面是养性门，养性门里面，便是养性殿，大致与皇帝所居的养心殿相仿，乾隆所题养性殿诗，有："允宜归大政，余日享清福，是用构养性，一仿养心屋"之句，可以见之。这里陈列奏折、档案、国书等，复辟文证也陈列在这里。

宫中文物陈列室　在乐寿堂，堂在养性殿之后，两庑嵌乾隆御书敬胜斋石刻本。乾隆四十一年（1776），题乐寿堂诗内附注有："向以万寿山背山临水，因名其堂为乐寿，屡有诗。后得董其昌论书帖，知宋高宗内禅后，有乐寿老人之称，喜其不约而同，因以名宁寿宫书堂，以待倦勤之所云云。"这里经装修后，陈列清钱、腰牌，并辟一慈禧专门陈列室。

军机处文物陈列室　在养性殿东配殿，陈列档案书籍等。

宫内演戏砌末陈列室　在畅音阁，本是内廷演剧之所。陈列内廷演戏时所用的布景等物。

剧本戏衣陈列室　在阅是楼。陈列剧本、戏衣等。

参观外东路的各陈列室，是由最南端的皇极殿看起，以次是宁寿宫、养性殿、乐寿堂等，参观完颐和轩、景祺阁后，就要出贞顺门，告一结束，在未出贞顺门之前，有一眼井，井上用厚木盖盖着，还用锁锁着，这个井，叫做"珍妃井"。珍妃是光绪的宠妃，不为慈禧所喜，庚子之乱，大家仓皇出走之前，把她推坠这个井里而死。一直到慈禧、光绪都死去后，她的胞姊端康妃，对她的这个悲惨之事，感到非常怜悯，在穿堂东间供奉了一个牌位，面向南，对着井，额书"贞筠劲草"，每逢初一、十五，派人去给她烧香，端康死后，也就没有人理会这事了。

故宫开放参观，仍是分三天，每天开放一路。参观中路时，除看乾清宫、坤宁宫、交泰殿及御花园之外，还可以看到古物馆所属的各陈列室；参观外东路时，除看宁寿宫、养性殿一带之外，还可以看文献馆所属的各陈列室；只有内西路这一路，看到陈列室最少，可是这一路是皇帝及后妃们居住之处，参观的人，都想看看居室的情形，所以开放内西路的这一天，参观人数反而更多。

本文前边，有一个"十二宫图"，东六宫已经开辟为专门陈列室外，西六宫都属于内西路，这六宫的简略情形是：

储秀宫　原名寿昌宫，嘉靖十四年（1535），更名储秀宫。清代仍用储秀之名，而在顺治十二年（1655）重建。宣统未出宫前，其后住在这里。

翊坤宫　原名万安宫，嘉靖十四年（1535），更名翊坤宫。明时西宫李娘娘居此，清时慈禧为贵妃时也曾居住。

长春宫　原名长春宫，嘉靖十四年（1535），更名永宁宫，万历四十三年（1615）又改为长春宫。明时成妃李氏尝居此处，宣统时淑妃也住此宫。院中三面走廊，绘《红楼梦》故事。

太极殿　原名未央宫，嘉靖十四年（1535）改启祥宫，清末改太极殿。溥仪未出宫前，同治瑜太妃所居。

永寿宫　原名长乐宫，嘉靖十四年（1535），更名毓德宫，万历十四年（1586）又更名永寿宫。明季魏忠贤专横，用此地为蹴踘处，宫室失修，变成一个库房。参观人不能参观。

　　咸福宫　原名寿安宫，嘉靖十四年（1535）更改咸福宫。同治皇帝即生于此处。这里辟为乾隆御赏物陈列室。

　　养心殿　是在西六宫南边的一个殿，建于何时，已不可考，清初修建宫阙，也未列入养心殿，乾嘉以后，作为皇帝住居之所，才渐有修葺。溥仪在民国初年，以至出宫之日，仍然居住此处。故宫博物院成立，此处并未开放参观。

好景不常　文物南迁

故宫博物院同人正在高高兴兴地，力谋发展的时候，"九一八"事件发生了。那是民国二十年（1931）九月的事。人人认为这是一件大事，日本人的野心，绝不会以得到我国东北为满足，平津难免有战事发生，文物的安全，是大可顾虑的事。大家一致的意见，是早做准备，必要时，搬离这危险之区，找个安全地带保存，现在要做的工作，便是装箱。

　　宫里东西之多，真是无法计算，全数搬走是不可能，只有先把最重要的东西，装好了箱，将来一经决定要搬，马上装车，如果不搬，把东西放在箱里，也没有关系，并且决定先从古物馆开始。

　　谁也没办过大规模搬家的工作，古物馆同人商量的结果，是先请总务处买木箱、棉花、稻草、纸张、绳子、钉子之类的用品，这是没有问题的，只是怎样装法，大家有点担心，万一装得不好，运出去后，都打碎了，如何交待？有人想出办法来，去找古玩行里的人，那些曾做过出口生意的，请他们来装，也许比较安全些，就这样决定了。

　　到开始的一天，装箱工人也来了，我们派人到总务处领东西，领来的箱子，是盛过香烟用的旧木箱，用手一扶，有些晃动，大家认为这种弱不禁风的箱子，怎样装古物？总务处的人，倒是有经验，告诉我们，这个空箱，装了东西，就不会晃动了。再看棉花，是深灰色的，已然没有弹性，用手一撕，灰尘、细棉满处飞，有人嚷着要领口罩，有人奇怪这是什么棉花？一位同事说：这叫"回笼棉花"，是用过的垫子，穿过的棉袍，丢弃不用的婴孩尿垫……之类，再经弹过的，人家买了去做垫子，我们却买来包宝贝。说得大家都笑了。

装箱工人，工资很高，以专家姿态来装箱，还时时教训我们一番，有一次，一位工人拿起一块剑饰用的"剑首"给我们看，说："你们知道这是做什么用的吗？"不等我们回答，接着又说："这叫压脐，是埋葬死人时，放在肚脐上面的。"谁也没有理会他。

装了几天，我们有了意见：

一、装箱用黑棉花，对于文物安全有问题，因为它已失弹性，而且对于工作人员的健康也有影响，因为这种棉花，是用旧棉花弹成，味道难闻，建议改用新棉。

二、箱子用装纸烟的旧箱，木板既薄，容易破坏，箱子装好，仍是晃晃动动，颇有危险，建议改用新箱。

三、装箱工人，用费太多，他们的装箱方法，我们也学会了，用不着再请他们装，建议改为自己装。

以上的意见，全被采纳了。那时，图书、文献两馆，已开始装箱，就把这些箱子撤换下来，连同那些买来未用的旧箱，分给图书、文献两馆用。图书、文献装入旧箱，即或箱子破坏，修理修理就成了，不会损及文物。古物馆完全改用新箱，标准的尺寸，是长三尺，高宽各一尺五寸。文物特别大的，另行订做新箱。

刚刚装箱的时候，大家并没有十分紧张，以后时局愈来愈坏，大家才赶装起来。三馆装箱之外，秘书处也加入装箱。

起初，秘书处装箱，只派一组，专装珠宝，以后逐渐增加组数，分赴各殿去装。他们装箱，与三馆不同，三馆所装的文物，是先要向秘书处办理提取手续，然后再装，他们本来是负责保管所有未被三馆提去的文物，他们就可以直接装箱，少了一道手续。他们的装箱，真是迅速无比，每天每一组可以装二十多箱，我们很奇怪他们，怎会有这样好的成绩，后来才晓得，他们没有经管过古物，对古物一无所知，所以他们少了选择的手续，进入宫殿之后，把十几个箱子排起来，叫工人把下层的稻草铺好，找同类的东西装，例如这次装花盆，便一律装花盆，每箱里先放个大花盆，大花盆里面放些棉花，各装入一个小花盆，把花盆内外用棉花塞紧，加上一层较厚的稻草，就可以钉牢加封了。若是装织锦，便完全装织锦，数一数每箱需要几卷，照数分装入各箱之中，稍加塞紧，便成功了，因为织锦是不怕摇动的。他们的主意真不错。

古物陈列所也奉命装箱，向故宫博物院商量派几个人前去指导一番，然后就由他们自己装了。装的东西，由政府指定的，一切照办，例如字画及宝蕴楼的铜器都是；没有指定的，尽一般的装，好的藏起一部分来，他们的理由是，好的东西都运走了，将来拿什么陈列？如果没有人参观，就没有收入，大家的薪水都发不出来，如何生活？他们那里的职员，年长得多，真是老谋深算。

故宫博物院这一般年轻的人，装箱日久，一个个都变成装箱专家了，对于任何种文物，都有一套装箱方法，例如填白脱胎瓷器，薄得像电灯泡，像蛋壳，他们的包装方法，先把一块厚棉垫在下面，放上一只脱胎瓷碗，碗里铺一层薄棉，再装入一只，然后用棉花把这两碗裹起来，用纸包好，系上绳子，放在一旁。照样包若干之后，把木箱拿来，最下面铺一厚层稻草，草上放一层厚棉，把包好的一包包瓷器摆好一层，然后把包与包间，以及四围，都用棉花塞紧，再铺上一层棉花，再放上一层瓷器，也照下层一样塞好，上面又盖一层棉花，一层稻草，最后把箱子钉好加封。这种装法，经过多少次的迁运，从没有发现破伤的情事。

装箱的要诀，最要的是"紧"与"隔离"，我们可以看清时景德镇瓷窑运送瓷器到北平的情形，便知"紧"与"隔离"是多么要紧。他们的装运，以瓷碗为例，是把十个碗叠起，用稻草扎紧，使每个碗都不能稍有松动，放入木桶中，然后用谷壳把各扎的瓷器隔离，塞紧，盖好桶盖，便起运了。在宫中外东路存有不少这种瓷桶，我们点查时，竟没有发现破伤之事，他们没有用一点棉花，只有稻草与谷壳，而能有此成绩，完全是得力于"紧"与"隔离"了。

各馆处忙着装箱，装了一些什么东西呢？

一、古物馆　古物馆是从库房里面的文物装起，留着陈列室里的文物供人照旧参观，箱子外面用英文字母分别出文物的类别：A 字箱里面是瓷器，B 是玉器，C 是铜器，D 是字画，E 是杂项，包括上述四种文物以外的，如文具、印章、如意、烟壶、成扇、朝珠、雕刻、漆器、玻璃器，以及多宝格等。库存文物装完之后，又直接到各宫殿去，一方面向秘书处办理提取手续，一方面就在那里装箱，这些箱件，编为 F。后来时局紧张，陈列室中的文物，不得不取下装箱，改用天干之字编号，乙字箱装的是玉器，丁字剔红器，戊字景泰蓝，己字象牙，庚字铜器。所装各类文物的件数如下：

瓷器	二七八七〇件	玉器	八三六九件
铜器	五七二件	铜镜	五一七件
铜印	一六四六件	文具	八六二件
书画	八八五二件	如意	八八件
烟壶	五五九件	朝珠	七五件
剔红	七四四件	象牙	六六件
珐琅	六三九件	陈设	四七件

| 刀剑 | 六七件 | 雕刻 | 一八八件 |
| 杂项 | 一二三四六件 | 法器 | 二二八件 |

以上合计六一七三五件。上列"杂项"，是在一个箱里有数种文物，不能把它们分开归入各类，例如多宝格，是一种精致的小匣，里面到处是小屉子，小抽屉，每屉里面都存放着一件小东西，这些东西品类不一，而且一个多宝格，所装有数十件，或百余件，为保存原状，是不能把它们拆散的。

二、**图书馆**　图书馆的书库与办公室，是在一起的，装箱比较方便。他们先把库存书装完了，又到其他图书集中的地点去装，如文渊阁的《四库全书》，与摘藻堂的《四库荟要》等。值得运的书，完全装了箱，品类及件数如下：

1　文渊阁所存四库全书

经部	五五六九册	史部	九五一二册
子部	九〇六八册	集部	一二二三四册
排架图	四函	陈设图	一册
架福函卷考	四册	总目	一二八册
简明目录	一七册		

2　摘藻堂所存四库荟要

经部	二一八四册	史部	三四五五册
子部	二〇六九册	集部	三四七〇册
分架图	一函		

3　善本书　　　　　　　　　　　　　　　一三五六四册

4　宛委别藏　　　　　　　　　　　　　　七八四册

5　方志　　　　　　　　　　　　　　　　一四二五六册

6　文渊阁图书集成	五〇二〇册
7　皇极殿图书集成	五〇二〇册
8　乾清宫图书集成	五〇一九册
9　清刻本高宗御译大藏经	一〇八函
10　藏文写本甘珠尔经全部	一〇八函
11　藏文写本龙藏经全部	一〇八函
12　观海堂藏书	一五五〇〇册

其他如宋元椠及元写本佛经、明写本佛经、乾隆石经、满蒙文刻本，也尽量装了箱。

三、文献馆　文献馆所装档案，都是按年依次分装，内阁大库档案的红本，从乾隆五年（1740），到光绪二十四年（1898）；史书从顺治十年（1653）到光绪二十九年（1903），都是连贯不断。其他如军机处档、刑部档、内务府档，以及册宝、图像之属，都尽量装了箱。不过，他们所装的箱件，无法计算件数，一个档案，包括不少奏折，他们是以箱数来计算，也有的以包数来计算，与其他两馆是不同的，品类如下：

1　内阁大库档

红本	一一三九箱	老满文档	五七五本
史书	二九三箱	满文档	二五四八本
诏敕	六箱	军令条约	三九箱

2　军机处档

满文档册	一八四五包
汉文折包	二六三包
军机处折包	九〇九包
杂档	六五七三本

| 杂项档案 | | | 九八箱 |
| 杂册 | | | 八七函又四七本 |

3 宫中档案

请安折	五四箱	上驷院档	三五箱
奏折	一二一箱	引见履历	一七箱
杂单	一一〇箱	银库档	一二四箱

4 刑部档			八六箱
5 内务府档			三二箱
6 清史馆档			七七箱
7 实录圣训			五〇七箱
8 起居注			一一九〇〇本

9 册宝

| 交泰殿宝 | 二五方 | 各种印章 | 一一五七件 |
| 帝后玉册 | 一七一件 | 空匣 | 二〇件 |

10 图像

| 帝后像及各种图像 | | | 六六二件 |

11 剧本

| 昆弋剧本 | 四一九种 | 乱弹剧本 | 三八八种 |

12 舆图			七三四件
13 地图铜版			一〇四块
14 盔甲			三二箱
15 玉牒			九四箱
16 乐器			一〇六箱

17	武器	三七箱
18	仪仗	一六箱
19	戏衣	二〇〇箱
20	陈列室物品	六八七件

四、秘书处　故宫博物院所有文物，可以说是由秘书处代表院长，直接管理，属于各馆文物，要由各馆备提单提到各馆的库房去保管，没有提走的，与那些根本不属各馆的，仍由秘书处暂时保管。三馆忙着装箱之时，为了加速工作效率，秘书处也派组去装箱，他们可以直接装箱，无需开提单的手续，装完之后，造一份清册就可以了。他们到一个宫殿，看到什么，就装什么，他们的箱子，是无法分类的，我们只能从箱外编字，可以知道里面装的东西是在什么地方装的而已。例如"长"字是在长春宫所装，"太"字是在太庙所装。也有些例外，如"皮"字是处分宫中物品时没有卖出去的皮衣，"墨"字箱里面完全是墨，"永"字箱完全是珠宝，这种箱为数不多。

这些日子，故宫门前，不见参观的人，只是一车一车的空木箱，一车车的棉花往神武门拉，附近居户，觉得奇怪，而故宫人多，也有在外面宣传的，于是故宫文物就要运走的消息，传遍了故都。

这个消息的传出，给故宫博物院招来不少麻烦。北平各界，群起反对，他们认为，文物虽然重要，比不了人民与土地，政府要把古物运走，是不是准备放弃国土，遗弃人民？不要国土，不要人民，还成什么国家？政府如果有保卫国土，安抚人民的决心，就应当停止迁运古物的计划，停止这摇动人心的措施。茶楼酒肆，也莫不以此事为谈话中心。有人甚至说，政府赶走了宣统皇帝，就是为了这一批宝贝，成立什么博物院，那只是障眼法，他们是蓄意搬走古董，卖给外国，现在有了东北事变，他们可有机会了，以怕日本鬼子为名，堂而皇之地运走了。种种猜测，种种谣言，不一而足。

　　政府的看法，认为日本人得到了东北，野心绝不满足，将来在平津，难免一战。故宫文物，是我国数千年来的文化结晶，毁掉一件，就少一件，国亡有复国之日，文化一亡，便永无复国之望了。平津如果作了战场，那时来不及抢运，万一有了损失，我们是不是心痛？现在情势，古物留在那里，只有冒损失的危险，没有一点好处，何不把它找个安全地点存起来呢？

　　这些话始终得不到谅解，公开反对之外，继之以恫吓，院中时常接到怪电话，警告如果起运，将会在铁路沿线埋炸弹，被派定押运的人，在院里也常接到电话，指名找那个人，然后问："你是不是要担任押运古物？"不等你回答，接着就说："当心你的命！"我便是其中之一，家里的人，有意拦阻我，叫我辞退这押运工作，我不以为然，他们不过是吓唬人而已，怕什么？

　　院里办理这筹备迁运的工作，已足够热闹的了，这时，又发生了一件麻烦事，是处分宫中物品，有人检举有舞弊嫌疑。检举的人是理事张继的夫人，她认为故宫博物院秘书处办理处分宫中物品有毛病。那时，我们三馆的同人，办公地点距离秘书处很远，外面的事，我们一无所知，只是在上下班时，听人传说：在一个假日，张夫人来院参观，在未进去之前，信步走到理事会去看看，刚一进门，从玻璃向内看到有人在那里量绸缎，她想了一想，今天不是公开发售的日子，怎会有人在买绸缎？觉得这事违法，以后又继续调查，终于向司法机关检举了。原因是不是如此，我们只是听诸传闻，结果如何，我们也不知道，反正是一直到文物起运之后，这件事不但没有停止，反而愈来愈热闹，大家忙于搬运文物，谁有这闲情逸致，管这不相干的闲事。

　　到了民国二十二年（1933）一月间，有一天，忽然传来通知，说明天开始装火车，叫大家准备，也叫押运的人，携带自己随身衣物。

　　一清早，大家都来了，等候装车的消息，九点多钟，不少辆车子开来，有汽车，有人力拉的板车，我们把第一批准备运走的箱子装上车，等候起运，天黑了，仍无消息，得到的通知，是卸下来入库，又忙了半夜才完，大家也没有办法回家了，分别回到自己办公室去。我们古物馆的同仁，回到馆里，都集中在一间办公室里聊天。

大家天南地北地聊，渐渐说到宫中的事了。有一位先生问大家，雨花阁上的四条大龙，有一条用铁链锁住，你们知道为什么？我首先说：你提到的这条龙，还给我带来一笔不多的稿费呢！那是前几年的事，《顺天时报》征稿，要有关龙的故事，我就写了一篇《故宫龙迹》寄去，其中就说到这条龙，大意是说，传说这条龙在一个夜晚，它从雨花阁的屋顶下来，到一个皇后的院中大缸里去喝水，被皇后看到，吓了一跳，第二天，皇帝就派人上去，把它锁起，免得下来作祟。这是我初次写稿子寄报纸发表。

一位附和着说，皇宫是皇帝所在地，怎会没有龙迹？有一天，大雪之后，我们出组，进了内右门，看到了一片白雪，可是当中有一条凹痕，既粗且深，你们猜这是什么东西？有人说是蛇爬过了，这简直是胡说八道，在严寒的冬季，蛇怎能出来？我可以断定，那必是龙。大家没有人表示意见，因为他的话毫无根据。

另一位又说：宫里的龙狐之传说，大都是听听算了，没有根据，唯有消防队员遇狐的事，是千真万确的。大家问他消防队有了什么事？他说：这样大的事，你们没有听说？消防队的一个小伙子，夜间站岗，地点是文渊阁，一个人哼哼唧唧唱小调，忽然看见一只黑狐在阶下，坐在那里，用两只前脚并拢，上下摇动，像是给他作揖的样子。他赶它走，它一点不动，想找块石头打它，附近又没有，于是他解开裤子，向它小便，这办法真灵，黑狐跑了，可是他觉得有人在他脸上，打了一巴掌。他惊了一下，也没有注意，第二天，脸半边肿起来了。妈妈带他去看医生，总治不好。有人告诉她，你儿子得罪了狐仙，赶快去烧点香纸，求求狐仙，也就好了。老太太一想，宫里连香烟都不准吃，怎会能准烧香？过了两天，儿子的病仍然不好，为了儿子，碰钉子也要碰，找地位低的人商量，一定不成，倒不如找最高负责人，她就去见院长，一面哭，一面述说来意。院长看她哭得可怜，答应了她的要求，叫秘书处派了一组，多去几个人照料，叫工人担两桶水随着进去，好好注意。老太太如愿以偿。你们猜猜看，这小伙子怎么样了？好了！一位同事笑着说："好灵！不会是这小伙子弄什么玄虚吧？"

就这样从龙说到狐，又从狐说到鬼，不觉天亮了，大家各自回家睡觉。

在民国二十二年（1933）二月四日，得到了确实消息，是二月五日夜间装车，二月六日起运。为什么要夜间装车呢？第一，谣言太多，倘若真的有人破坏，后果堪虑，夜间，街道上车马不多，可以用戒严法肃清车辆行人。第二，车站上情形复杂，夜间没有客车开进开出，容易维持秩序。大家接到通知，又忙起来，担任押车人员，都提前回家去准备了。

二月五日中午，大批的板车，拖进院里来，这次没有一辆汽车，是因为有上次装车的经验，汽车不如板车方便，而且用一种车辆，也显得整齐，于是改为完全用板车了。我们利用了几小时的功夫，把各车装好，等待天黑以后，戒严开始，就可以启运了。

文物车辆经过的地方，是在故宫博物院与古物陈列所中间的墙，打开一个门，车辆集中在太和门前，起运时，出午门。到火车西站装上火车。在沿线的地方，一律戒严，不准任何行人车辆通行，等于把北平东西城的交通阻断了，由西城到东城，只有绕道地安门或神武门前了，因为神武门这个故宫博物院的大门前并没有戒严。

天黑了，警察局来了电话，说外面已经戒严了，车辆开始移动，一辆接着一辆，陆续地出了午门，在暗淡的灯光之下，缓缓前进，除了运古物的车子外，看不到别的车子；除了警卫人员以外，没有行人。景象是凄凉的。

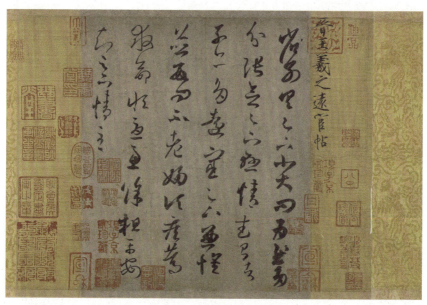

★ 王羲之《远宦帖》（东晋）

★ 顾野王《天目云海图》（南朝·陈）

列坐其次雖無絲竹管弦之
盛一觞一詠亦足以暢叙幽情
是日也天朗氣清惠風和暢仰
觀宇宙之大俯察品類之盛
所以遊目騁懷足以極視聽之

娛信可樂也夫人之相與俯仰
一世或取諸懷抱悟言一室之內
或因寄所託放浪形骸之外雖
趣舍萬殊靜躁不同當其欣
於所遇暫得於己快然自足不

★ 褚遂良《兰亭八柱帖》（唐）

★ 观象砚（唐）

★李思训《江帆楼阁图》（唐）

★阎立本《萧翼赚兰亭图》（唐）

★秘色青瓷洗（五代十国）

★ 巨然《秋山图》（五代十国 · 南唐）

★巨然《寒林晚岫图》（五代十国 · 南唐）

★黄筌《竹林鹁鸽图》（五代十国·后蜀）

★周文矩《荷亭奕钓仕女图》（五代十国·南唐）

到了装货地点，把板车上的箱子，装入火车，这辆板车又赶回去再装，忙了一夜，装好了两列车。

二十二年（1933）二月六日的清晨，第一批文物，由北平出发了。每列车上，各挂一节二等车厢，一节三等车厢，备押运人员及守卫人员乘坐，这一次的押运总负责人，是秘书处的秘书吴瀛先生，各馆处也派人来参加，我们古物馆派的是易显谟、杨宗荣、吴子石和我。

火车所行路线，是由北平西站出发，西站是平汉路的车站，开出之后，就沿平汉线南行，到郑州后，再改循陇海线东行；到徐州后，又沿津浦线南行，抵达浦口。

这一次的行程，非常顺利，沿途除特别快车之外，一律要让古物专车先行。到浦口后，两列车停放在车站的边地，等候指示。吴先生下车到南京去了，留我们在车站看着这两列火车。

等了一天，没有消息来，等了两天，依然没有消息，到了第四天，才有消息，说：关于这些文物放的地点，政府还没有决定，等开会决定。我们也笑了，这叫做抬着棺材找坟地。为什么不在找好地方之后，再起运呢？

几个人在车站住过几天之后，真是烦闷极了，悔不当时带些书来。起初，在浦口逛街，后来发展到下关，下关有块场地，许多卖艺的，唱曲儿的，在那里表演，易显谟老大哥对这些有兴趣，我们也就随着他随时过江去看，每日三餐，早晨自己去吃豆浆、油条，中午四个人一起去吃天津馆，那里活鲤鱼很好，今天吃糖醋，明天改红烧，渐渐地也吃厌了。晚饭由各人自理。

一直到三月中旬，才经中央决定，所有档案部分，暂且放在行政院的大礼堂，其余的完全运上海，我们先把档案运到行政院，然后把其余的在浦口装船，运往上海，船是由招商局所派，名叫江靖，是一艘老船。虽下水行船，开得并不快，大家在甲板上，观看两岸风景，处处秀丽，进入黄浦江之后，上海的高楼大厦，尽在目前。船停靠在招商局的码头。

预先派在那里筹备的人，上船来，叫我们下去休息，另派人在船上照料，我们到了库房，看到是一座七层高的水泥建筑，颇为宽敞，最下一层，隔出一部分地点，做为将来驻守人员的宿舍及办公。这里原来是仁济医院的旧址，地点是法租界天主堂街。库房四周，不与其他房屋相连，是一个适当的地方。

晚间，他们招待来沪人员晚餐，一出库房，觉得各处都是霓虹灯，五光十色，街上车辆很多，与北平真是不一样。

第二天卸船，我们看码头上的工人，一个个排成数行，分别搬运箱件，不管箱件轻重，每人背一个，依次而行，有些重箱，在北平要两个人抬的，也是由一个人背，秩序井然，令人佩服，费了一天时间，把所有箱件，一齐卸下船装入库房。我们与在沪人员点清了箱数之后，我们的责任，告了一个段落。

我们在上海玩了几天，看到不少稀奇的事。我们走到街上，可能被人看出是初到上海的乡下人，被人跟踪了，不然，吴子石先生到布店买布，把钱放在玻璃柜上，一转眼工夫，钱包已不翼而飞，怎会那样快呢？大家觉得这地方不可多留，稍买了一些东西，便赶回北平了。

大家回平之后，又加入了继续迁运工作。

故宫文物分批南迁

文物南迁的工作，第一批已然安全到达目的地。大家没有运输上的安全顾虑，放心地赶办装箱，陆续起运。

我从上海回到了北平，加入装箱工作，三馆及秘书处每天派去装箱的组数，比以前增多了。每天都看到有大量的新木箱、棉花，往神武门里运。

古物陈列所也开始在装箱。颐和园也想把那里所存的文物运出去，就和故宫博物院商量，他们没有鉴定文物的人才，要故宫博物院派人去替他们选择；他们没有迁运的经费与运出后的贮存地点，要故宫博物院代为南运。故宫博物院答应了他们的要求，派朱家济、吴玉璋两先生去替他们审查些天，由他们自己装箱，由故宫博物院代为运出，并替他们代为保管。

民国二十二年（1933）三月十四日，又开始装运第二批箱件了。一切装箱手续，装车手续，都与第一批一样。

这一次，我被派在火车站，参加卸板车、装火车的工作。正忙得热闹，有人来找我，说：马馆长在站长室等你，请你立刻去。我把工作交代另一位同事代理后，马上跑去，看看有什么事。一进站长室，就看到一只文物箱子，放在地上，箱子的顶板，被撞到里面去了，旁边立着一个人，手里拿着钉锤与钉起子。不用问，这个箱子是被撞了。马衡馆长看见我来，告诉我："这个箱子放在一辆板车的最后，后面一辆车子下坡时，撞上了它，现在我与古物陈列所钱所长在这里，我们打开看看有没有伤损。"

我看了看箱子，编字是"A"字，是古物馆的瓷器，心里一惊，这必是凶多吉少，不管如何，只有开开一看了。就请旁边立着手执钉锤的人开箱，开开以后，我先把上面的稻草拿出来，再拿棉花，一个个的纸包露出来了。这时钱所长看到箱里有这许多棉花，说道："棉花太多，用不着这许多。"我说："瓷器箱的棉花是比较多，瓷器太容易伤损。"马馆长却一声不响。一包包地打开，一件件地检查，完全没有伤损，我报告了馆长，并叫木匠把箱子修好，然后照旧装回去。这时马馆长笑了笑，问钱所长："现在你知道棉花多的好处吧？"

当天夜间，把所有准备运出去的箱子装好，第二天，就是二十二年（1933）三月十五日，第二批文物，又离平运到上海去了。

就这样地一方面装箱，一方面起运，又陆续运出三批，五批起运的日期，是：

第一批　二十二年（1933）二月六日

第二批　二十二年（1933）三月十五日

第三批　二十二年（1933）三月二十八日

第四批　二十二年（1933）四月十九日

第五批　二十二年（1933）五月十五日

在第四批起运，在浦口换船时，就便把第一批留在行政院大礼堂里面的文献箱件，一并装船运到上海。

这五批进沪文物的编字及所装箱数如下：

一、古物馆

A	瓷器	一〇五八箱
B	玉器	一五八箱
C	铜器	五五箱
D	书画	一二八箱
E	杂项	三八〇箱
F	新提	八〇六箱
乙	玉器	一四箱
庚	铜器	二箱
丁	剔红	一〇箱
戊	景泰蓝	一五箱
己	象牙	五箱

以上共计二千六百三十一箱。在开始装箱时，箱件编号之外，加上一英文字母，为的是一看便知是箱内所装何物。其中"E"字箱，是"杂项"，包括漆器、珐琅、竹器、牙器等。装了些天，古物馆由各殿提来的东西，将要装完，不能不直接到各宫殿去装，便无法分类了，只有碰到什么就装什么，这种新提来的东西，所装之箱，就编为"F"了。最后，陈列室里面的东西，不能不装箱了，在装玉器陈列室的玉器时，还有人在库房里装玉器，为了编号方便，于是在陈列室装箱的这一组，便改用乙字编号，其他的丁、戊等字，也是这种情形。另外一件事，是杂项箱运出的是三八〇箱，而编号到三八一，是因为第三四〇箱并未南运之故。

二、图书馆

善	善本书	七二箱
佛	佛经	一三箱

殿	殿本书	二二八箱
观	观海堂藏书	六二箱
内	实录库藏书	六箱
满	满蒙文刻本	二三箱
志	方志	四六箱
绝	明刻本清殿本及官刻书	三四箱
大	大藏经	五四箱
甘	甘珠尔经	五四箱
龙	龙藏经	一〇八箱
藏	龙藏经	二箱
图	文渊阁图书集成	三二箱
经	四库全书经部	八五箱
史	四库全书史部	一二九箱
子	四库全书子部	一三九箱
集	四库全书集部	一八三箱
荟经	四库荟要经部	二八箱
荟史	四库荟要史部	四六箱
荟子	四库荟要子部	二六箱
荟集	四库荟要集部	四五箱

以上共计一千四百一十五箱，箱件编字办法，是以所装文物类别择一字，编为箱件的字号，例如"甘珠尔经"，编为"甘"字，"方志"编为"志"字。

三、文献馆

文献馆的箱件，不编分类字号，只在箱外刷上一个"文"字，表示这是文献馆的箱件，然后自第一号起，顺序编下去，编到三〇四六号，当中空了些号，又从三一四二编起，编到三八六八号。分类箱数如下：

内阁大库档	一五一六箱
刑部档	八六箱
宫中档	四六一箱
内府档	三二箱
清史馆档	七七箱
军机档	三六五箱
实录圣训	五〇七箱
起居注	六六箱
玉牒	九四箱
剧本	五箱
戏衣	二〇〇箱
乐器	一六〇箱
地图铜版	二六箱
舆图	一七箱
图像	六二箱
仪仗	一六箱
册宝	三五箱
武器	五箱
盔甲	三二箱
陈列品	九箱
印玺空盒	二箱

以上共计三千七百七十三箱。

四、秘书处

和	钟表及养性殿颐和轩等地文物	五四〇箱
长	长春宫太极殿等地文物	五九箱
康	寿康宫寿安宫等地文物	二〇八箱
内	钟表及盆景等	二九三箱
北	北五所等地文物	三四九箱
园	慈宁宫花园等地文物	九三箱
太	太庙文物	二八箱
缎	缎库茶库等地文物	七四箱
遂	遂初堂三友轩等地文物	三四箱
皮	皮衣（处分时未售出的）	四一箱
宁	宁寿宫文物（大部为瓷器）	一二八一箱
皇	皇极殿阅是楼等地文物	七六三箱
墨	墨	六箱
漱	漱芳斋等地文物	四一箱
重	重华宫等地文物	四四箱
养	养心殿等地文物	二八三箱
牒	玉牒档案及乾清宫等地文物	二八四箱
崇	崇敬殿等地文物	二三箱
翊	翊坤宫储秀宫等地文物	一六二箱
丝	衣料织锦及咸福宫等地文物	三六九箱
寿	永寿宫等地文物	一八〇箱
如	如意馆等地文物	一五三箱
木	家具及延晖阁等地文物	四一箱

雨	雨花阁等地文物	七〇箱
性	养性殿乐寿堂等地文物	三〇箱
勤	符望阁延趣楼等地文物	八箱
慈	慈宁宫等地文物	八七箱
端	弘德殿懋勤殿等地文物	四四箱
武	枪炮等武器	六四箱
永	珠宝	二〇箱

以上共计五千六百七十二箱。他们开始装箱，比三馆为晚，所装箱数，却比哪一个馆都多，其原因是他们的装箱，没有选件的工作，而且每箱所装，数量颇少，箱数自然是增多了。

故宫博物院之外，古物陈列所、颐和园，及国子监都有箱件，一同附运，总计自二十二年（1933）二月六日起，到同年五月十五日，计时三个多月，运出的箱件，是：

甲、故宫博物院

古物馆	二六三一箱
图书馆	一四一五箱
文献馆	三七七三箱
秘书处	五六七二箱
共计	一三四九一箱

乙、其他各机关附运文物

古物陈列所	五四一五箱
颐和园	六四〇箱
国子监（石鼓）	一一箱
共计	六〇六六箱

总计以上共计一万九千五百五十七箱。上海天主堂街的库房虽有七层楼高，无法容纳这许多箱，第四批以后运出文物，属于文献馆的，另在英租界四川路，租一个库房的一层来容纳，两处都装得满满的。

在第二批文物运出之后，我奉派到上海，专做编辑南迁文物清册的工作，同做这个工作的人，有吴玉璋、梁廷炜、牛德明、董琳等人。那时，故宫博物院在法租界阿尔培路、阿尔培坊租了几栋小房，做办公及职员住宿的地方，我们就在那里办公，大家每日按时到办公的地方工作，按时下班，既没有上下班的铃声，也没有人干涉大家的工作，办事的精神，是令人钦佩的。

北方人初到南方来，最感不习惯的，是伙食问题，例如炒菜用油，在北方是用麻油，而南方用豆油，味道总是不合口味。走在街上，一遇到炸臭豆腐的，总是掩鼻而过。但是，日子长了，也就渐渐习惯，几块炸臭豆腐，一盘炸花生米，四两高粱酒，两三个人，也可谈天说地，足聊一阵呢！

上海之地，治安并不好，所以库房的管理，特别严密。在天主堂街方面，在一楼的办公室里，有一个警铃，通到法捕房，遇有事故，马上可以通知捕房。第五楼里，存放的是比较重要的文物，这层楼的库门上，另外装有一个警铃设备，每天在开门之前，先要到旁边小屋里把警铃切断，然后再开锁拉开门；如果你忘记切断，迳自启门，捕房的电铃就会响了，他们马上派警察前来。有一次，管钥匙的人，那时是李益华先生，与同事数人，开了电梯，上了五楼，一路说说笑笑，就忘记去切断警铃，刚刚开了库门，就听到外面警车的叫声，接着就看到一群警察，冲上楼来，都捧着枪，如临大敌的样子，把大家吓了一跳。等到他们查明原因之后，就立刻撤去了。事后得到一个通知，说：这是初次，姑且原谅，如果再有这种事发生，便要罚款。哪会还有第二次呢？这一次已是吓得不轻。

英租界四川路方面的库房，警铃设备，由他们警卫人员自己管理，有两三个警察住在那里，轮流站岗，库门上挂着一个像钟的东西，每逢走到三十分钟的时候，站岗的警察就要过去上一次弦，如果你忘记上弦，钟上便显出红字来，稽察人员来，看到了，就知你没有按时上弦，也就是说当时你没有在那里守卫，要受处罚的。

上海市政府，派几个便衣警卫人员，驻在楼下的警卫室里，在租界内，我们的武装人员是不能公开在那里执行职务的。

所有各库的大门，都是两把大锁，一把锁上的钥匙，由故宫博物院派员专责保管，另一把锁的钥匙，在中央银行，要想开门，如果不是事先约定，便要打电话去，请他们派员来会同开门。

至于入库工作，也沿用北平入宫工作的规定，必须有两人以上，并会同中央银行人员一同启库，同进同出。

这时，上海的情形安顿好了，在大家稍作喘息的时候，北平传来一个消息，说易院长辞职了。大家明白，这一定是为了有人检举他处分物品有舞弊的事。

在文物南迁未启运之前，已然有检举易院长与秘书长李宗侗，对于处分故宫物品，有舞弊的嫌疑。古物馆的同仁，对于外面总务处与秘书处，向来是不发生什么关系，那时又正是古物装箱的时候，谁还注意到这件事？不久，又有消息来了，说这检举的人，是本院理事张继先生的夫人。说是有一天，张夫人来院，信步走到理事会，一看屋里有几个人在那里量布匹，其中有一个人，便是李秘书长，于是张夫人很生气，说："理事会出售绸缎，有一定的日子，今天不是出售的日子，你们为什么有特权在这天买？"虽经多方解释，说这是整理，而不是售卖。但不为张夫人所原谅，说："你们这里面一定有毛病，我要调查。"

这个传说，是不是属实呢？似乎也没有人注意，也没有人去求证是不是实情，文物迁运的事要紧，谁还有暇管这些闲事？不想这事竟恶化到使院长辞职了，大家倒是吃了一惊。

二十二（1933）年七月，理事会开会，讨论到易院长辞职的问题，会中通过了，并决议由古物馆副馆长马衡先生继任。院中除院长之外，加了一个副院长，是由徐鸿宝先生担任，并兼古物馆的副馆长。三馆的馆长，古物馆由院长自兼，图书馆馆长袁同礼，文献馆馆长沈兼士，总务处处长一职，仍然由俞同奎先生担任。运到上海的文物，成立驻沪办事处，由欧阳道达先生做主任。所有职员仍照常工作。

不久，院里的电报来到驻沪办事处，叫我马上回北平。我得到了命令，只有遵令起身，到平之后，才知要我接任会计科的现金出纳。我不愿意干，数钞票我都数不清楚，我怎能做这种事，自己当面向马院长辞，又托人去和他说，结果是暂行代理，以两个月为限，找到妥人，立刻交待，仍回古物馆工作。

我受了一个多月的罪。刚接任不几天，就到了发薪的日子，一大堆钞票，一大堆薪水袋子，要我一个个地分好装好，正分得头晕眼花，拿着发票领钱的人又来了，立逼着拿钱，有一个印刷局老板更厉害，说你如果不付钱，我去找院长。这个事真不是我能干的，所幸只有一个多月，新人来到，我得救了。

我乃被调回古物馆，叫我仍回上海去工作。这时，检举院长易培基及秘书长李宗侗两先生的案子，已升高了，检举的不是处分物品的舞弊，而是有侵占古物嫌疑。

这个案子，交江宁地方法院侦查，认为有开箱检查运到上海的珠宝箱之必要，于是派定最高法院检察官莫宗友主持，江宁地方法院派一推事协助，携同书记官，到上海库房，先从二十箱珠宝查起。

院里也要派定专人，办理其事，我被派了。每天法院的人来后，大家坐在一条长桌的一面，第一个是莫检察官，第二个是江宁地方法院推事，第三个是书记官，第四、五两个是珠宝鉴定人，第六个便是我，其余院里工作人员担任报号、打开包、装箱等工作，都集中在长条桌的另一面。

每提出一件东西，由一位职员报出号来，大家在账册中找到，便交鉴定人鉴定是不是真东西，鉴定得非常仔细，例如一挂朝珠，要由鉴定人报出珠的粒数、材质，再报上面附件的佛头、佛头塔、大记捻、大坠脚、小记捻、小坠角、背云、夹间珠……的数量与材质，然后说出哪些是真的，哪些是假的。如果一律是真货，就交还本院，若是有一种东西是假的，全挂朝珠便要由法院放在另外一个箱子里，另行封起来。

不另封的，实在太少，原因是，在清朝时候，做一挂朝珠，在每个记捻的下面，坠角的上面，都装上一颗小珠，作"夹间"之用，叫做夹间珠，这是一颗很小的珠子，照例都是用一颗玻璃珠，现在检查出来它不是真珠，自然要被另封起来。

一位年轻的同事，在旁插言说，这样大的一颗小珠，就是真，也不值几个钱，还要费拆换的功夫，岂不要赔本？莫检察官忙阻止他说："我们是检查真伪的问题，谁管他赔本不赔本？"我也忙阻止他说："你又不懂'法律'，不要一旁多说话。"

其实，我也很同意这位同事的话。就在查朝珠之前，也在永字箱中，我们查过一个小箱，外面用封条封得很严密，从封条的年月及签封人的姓名看，是点查时候的封条。再去看账册，登记的是"珍珠大半箱"。我明白了，在点查时，因为时间关系，不能去数一数有多少颗，又没带有秤，只好先写上珍珠大半箱，而由点查组长把它封起，留待将来再行点计。这个封条是开过封的，大约是在装珠宝时看过，所以又有一个经手装箱人的封条。我就想，假如有人想偷珠子，在这个箱子里打个主意，岂不比一个一个去抽换夹间珠省事得多？

我本不懂珠宝，在检查时，检查完毕一件，一定要交到我的手里，然后我再交给同事把它包起来，我也买了一个放大镜，在他们看完之后，我也仔细看看，因此，我也学了不少。有一天，一件红碧玖的坠子，鉴定人报出的是红宝石，我看看不像，忙退给他，请他再看看是不是红宝石？他仔细看了一看，说："我说错了，这是红碧玖。"然后又回过头来问我："您的宝号是什么字号？"我说："我的小字号是故宫博物院。"我们都笑了。后来一位同事说我："你真能现趸现卖。把他给唬住了。"我说："不唬他们怎成？免得他们乱说。他把那件东西说成宝石，等于是定了案，将来有人问我们要红宝石，我们的东西是红碧玖，不是问题又来了？"

我参加这个工作，为日不少，大家相处得很好，有时也因为小的问题发生争执，那是我不懂法律的原因。例如说，有一次检查到一个小纸包，打开一看，是四颗珍珠，核对账册，登记的是五颗，莫先生叫书记官记下来，被偷去一颗。在同天的同一组中，又在另外一个小包内，发现比账册所记多了一颗，我主张也记下来，莫检察官不肯，说只有从公家偷东西往家里拿，不会有人从家里拿东西放在公家箱里的。我说："有没有包时错乱的可能？"他说："在法律的观点，每一件事不能与另一件事混为一谈。"我才知道大家闹了这点小误会，是因为我不懂法律。

我也不记得经过多少日子，这二十箱珠宝总算查完了。我常想：当时的秘书处，为什么要派出这一组，专装珠宝呢？在博物院的立场，珠宝并不是最重要的文物，这个麻烦，就是从"永"字的二十箱珠宝而起，令人费解。

接着要查的是书画，院里另派了人，法院方面，那两位珠宝鉴定人也不用了，改聘画家黄宾虹担任。黄先生是著名画家，他不会是为了法院这一点鉴定费，就来替他们服务，他一定是认为这是一个看画的好机会，借此可以把故宫全部收藏，一一看过。可惜他在审查之前，没有给这些担任检查的法官，先上一课，告诉他们：

一、这次法院检查，是要知道易培基有没有抵换过故宫字画，只要是清代的玺印不假、皇帝的题识不伪，这画就是假的，也与易培基先生无关。

二、故宫是有伪画的，别人不说，只说高士奇，他是康熙最赏识的人，在他的《江村销夏录》里面，就把他的画分成几等，最上等的是自己珍藏，秘不示人，次等的才是与朋友共赏，最下等的是进呈与馈送之用。而嘉道以后的皇帝根本不懂字画，大臣们弄一张黑乎乎的画，填上唐人、宋人，照样可以进贡，只要给了太监红包，还不是照收入库。

三、书画的鉴定，不像珠宝，真就是真，没有什么可以犹豫的，字画就不然，见仁见智，多么有经验的人，也有"看走了眼"的时候，黄先生应当建议他们多找一些人，共同商讨。

黄先生忽略了这一点，审查时候，根据画外的题签，签上写的是李成，打开画一看，不像李成，假的，另封起来。签子上写的"宋人"，画有明人笔意，也是假的，也封起来。这等于法院替故宫博物院审查字画，而不是调查案件来了。

有人说，法院替你们出钱，替你们请人，义务地替你们审查，不是很好吗？上面我们说过，看字画不是容易事，任何人不能保证自己，永无错误，例如黄先生有一个错误，是把"马麟层叠冰绡"这件有名珍品，列为伪品，被法院另封起来，故宫博物院同仁很为这件东西叫冤，因为一经法院另封，就好像是被送入监牢，连吹晾的机会都没有了。所以在民国二十六年（1937），南京举办第二次全国美术展览会时，故宫博物院特别商请法院，把它放出来，展览一次。其他如宋拓道因碑、宋元宝翰、元名家尺牍等，可能都是蒙冤的。这并不是说黄先生的眼力不好，千虑之失，势所难免，当时为什么不多请一二人呢？

书画检查完毕，就是铜器，法院找不到铜器的鉴定人，就商请黄先生代办，黄先生是忠厚的人，可能是答应了他们，鉴定了不几天，故宫博物院同仁，已经发现他对铜器了解不多，有一天把"新莽嘉量"提出来，黄先生一看，马上问："这是什么东西？"一位同事说："这是古铜大纱帽。"惹得全组的人大笑起来。

铜器的鉴定，看了不多，就结束了，一班人马，转到北平去继续工作，检查情形，因为我不在北平，我也不知道了。

检查完毕后，法院印出厚厚的三本鉴定书，根据这三本鉴定书，检查官提起了诉讼。

这次检查工作，是从民国二十三年（1934）开始的，一直到二十五年（1936）四月，都是在上海检查，二十五年（1936）五月到八月在北平检查，二十五年（1936）九月到十二月又在上海检查，总计被法院另封起来的，书画是五百九十四号，铜器二百一十八号，铜佛一百零一号，玉佛一号。珠宝很多，手边没有资料，不知其详了。

这一次的检查，法院虽提起诉讼，主要关系人易培基及李宗侗两先生，躲在租界里，声明如果检查长郑烈回避，他们马上出庭。这怎能办到呢？被传诉的职员，在上海的有萧乡沛，在北平的有刘光锷两先生。

萧乡沛先生原是秘书处科员，奉命去装珠宝，他是一个老老实实的人，这次事的重点，在二十箱珠宝上面，他是经手人，自然难逃这场官司。事情发生之后，他总是提心吊胆。有一天，工友来报告，说有一位检查官要见我和欧阳道达主任，我们到客厅去接见他们，他们拿出传票，告诉我们是要传萧乡沛去法院的。我马上到三楼宿舍去找他，请他马上到会客室，我下来之后，等了许久，不见他下来，再上楼去看，他正跪在佛前念佛，满头是汗，我看到这种情景，真是难过极了，但也不能不再催他，他下楼之后，便被检查官带到镇江，扣押起来。最后听说萧先生是以毁坏公物罪判刑的。原因是在他负责装箱时，在一个宫殿里，看到一顶破帽，上面有一颗大珠，萧先生认为这个大珠，有装箱的价值，其实，也不过是径不及一分的珠子。那顶破帽，占好大地方，又没有价值，就把珠子取下来装了箱，帽子丢在那里。这次法院在北平检查，看到这顶破帽，而不见珠子，虽经查明是装了箱，这次提审他时，也就把这问题提出来问，问他是谁的主意拆下珠子来，萧先生太老实了，他说："组长自有权衡。"就因为这一句话，被判了毁坏公物罪。可能是法院既把他传去，又找不出他有什么盗窃的嫌疑，就这样可以了结。可是萧先生太苦了。在他住在看守所的时候，他太太带着孩子到了镇江，住在法院对面的茶铺子里，一天一天地耽搁下来，旅费用光了，茶铺的老板用一种和善的样子，同情她们，可是欠的房租、饭钱太多之后，想走也走不成，等于把她们扣留住了，后来如何解决的，也不得而知，好好的一个家庭，搞得如此凄惨，萧先生真是太可怜了。

那位刘光锷先生，更是可怜，他托了人，好不容易进了故宫博物院，做一名职员，进来之后，就被派到秘书处。他又被派与萧先生一组，去装珠宝，也在北平进了法院，也判了刑，做事的日数，不及打官司的时间长，同事们说他，这是命里注定的。

沪上寓公　伦敦艺展

马衡先生接任故宫博物院院长之后，对于院中文物的交接，主张逐件清点。在点收工作未开始之前，院里的工作，仍然要继续进行，在北平方面，有出组的规定，并没有什么问题，运到上海的东西，没有办法照北平的规定由军警会同出组，当时定了一个过渡的办法，在二十二年（1933）九月，成立了一个"故宫博物院监察委员会"，由中央研究院、上海市政府、上海地方法院及故宫博物院等四机关派员组成，他的工作，是：在运沪文物未经点收之前，如果必须开箱，办理摄影、编目、晒晾等事，必须由监察委员两人以上到场监视工作，委员人选是：

　　中央研究院　　　　周　仁　何桂莘

　　上海市政府　　　　黄鹏豪

　　上海地方法院　　　欧阳澍

　　故宫博物院　　　　庄尚严　周寰轩　欧阳道达　那志良

这仅是一个临时的过渡机构，不久文物点查的工作开始，这机构也就撤销了。

　　文物存在上海这一段时间，可记的事，有：

（一）点收文物

运到上海的文物，决定逐箱开启，与南迁清册核对点收，点收情形，约如下述：

一、各馆处南迁清册，只有把清室善后委员会点查宫中文物的报告，照样抄录下来，简单到只有"号数""品名"及"件数"，对于保管，似乎不够严密，而且负责保管的人，责任太大。因此想借这个机会，把清册上的记载尽量使它充实一些，得到教育部所派监盘委员舒楚石先生的同意。

二、这次点收，把原来的南迁清册作为参考，另编新册，除了号数、品件、件数、附件，一一登记之外，一般器物，并要登记它的款识、色泽、尺寸、破伤等，铜品、玉器兼记重量；书画要兼记它的质地、著录、款识、题跋等；至于那些手串、朝珠之类，不但要计算粒数，附件的佛头、记捻、背云、坠角之类，还要注明其质地。

三、南迁箱件，各馆处自行编号，每一馆处，就有不少的编字，现在为求统一起见，所有古物馆箱件，一律编为"沪"字，自第一号起，按点收次第顺序编下去，例如"沪1""沪2"……把这号码刷在箱子的四面；图书馆用"上"字，文献馆用"寓"字，秘书处用"公"字。这个编字，是说这些箱件，曾在"沪上"，做过"寓公"而已。

四、每天点完之清册，由驻沪办事处汇齐之后，油印出来，由院中呈报行政院备查。这份账册，是故宫南迁文物的重要账册，现在仍以此册为原始清册。

五、书画图书等文物，凡是属于纸片的文物，在理事会开会时，马院长提议，各钤盖上一个图章，以后经人审查，真也好，假也好，只要有这个图章在上面，故宫保管人便没有责任。而且这个图章，是交由监盘委员保管，钤盖的时候才由钤盖人员，当着监盘委员的面钤盖，用毕立刻交还。这一切的手续，无非受了易案的经验，不得不格外小心了。盖章的原则是决定了，这个图章的印文，应该刻上什么字，倒是大家注意的问题，有人说应当用"故宫博物院珍藏"，也有人主张用理事会的名义，最后还是决定了用"教育部点验之章"，采长方形，分刻两方，一方大的，长三·八公分，宽二·六公分，准备钤在画幅及大件之物用，一方小的，长二·二公分，宽一·二公分，按照文物的大小，分别使用。但是，这一方印，应当盖在什么地方呢？如果在画心上钤盖上这么一方印，那简直是损毁文物，经同人力争，才决定钤盖在画外裱绫部位。以后点到折扇之时，觉得这一方小的，仍是很大，于是取用监盘委员舒楚石的一方"舒光宝"小椭圆印，钤在纸上，然后剪下来，贴在扇骨上面，"舒光宝"是舒楚石的本名。这真是不伦不类的办法。

六、点收时根据的账册，是"南迁清册"；南迁清册上的文物品名，是录自清室善后委员会点查时，所印的"点查报告"；点查报告上的文物品名，有的是当时担任"查报物品人"造出来的，有的是抄录太监们贴在器物上的小黄签所写的名称；这些名称，都不免有错误。例如玉器，凡是上面带有黄红色的，无论它是入土受沁原因、或是玉皮、或是薰染而成的"烤皮子"，太监们把它们一律称之为汉玉，所谓汉玉是汉代之玉，如果把一块清乾隆时的烤皮子玉，登记成两千多年前的汉代，现在不把它搞清楚，万一将来又有一个"什么案"发生，经手人就吃不消了，恐怕不会像萧乡沛老先生那样，只落得个"毁坏公务罪"，也许会被判"盗换罪"了。

我们要求把物品的实际情形，在备注栏内把它注明，监盘委员不同意，他提出的办法，是所有这类有问题的东西，都由他用墨笔在上面签一个名，等到将来成立审查委员会时，名称确定，再把他的名字擦去，我们也不同意，因为把墨笔的字写在瓷器或玉器上，有时字虽拭去，还有痕迹留在上面。最后还是有一位高明人，出了一个主意，凡是这有问题的东西，把它们包起来，包外封口处，用浆糊糊紧，由监盘委员在骑缝处签名，留待将来审查时，再把它放出来。这办法经双方同意，在账册上还注明"待审查"字样，以资识别。

这一次的点收，实际是把南迁文物作了一次整理编目的工作，编造成一份保管文物的标准账册，工作的日数，相当长，各馆处点收起讫日期如下：

古物馆　二十三年（1934）十一月二十日开始

　　　　二十五年（1936）八月二十九日结束

图书馆　二十五年（1936）四月六日开始

　　　　二十五年（1936）六月九日结束

文献馆　二十四年（1935）四月二十三日开始

　　　　二十五年（1936）三月五日结束

秘书处　二十五年（1936）八月五日开始

　　　　二十六年（1937）六月十四日结束

（二）伦敦艺展

在英国，有些人不但收藏中国艺术品，而且对于中国艺术品，了解很深，其中最著的是：

一、Sir Percival David　我们中国人不少知道他的，他来中国不少次，我们的文物，由大陆运输来台后，他还来台参观过。收藏东西以瓷器为最多。

二、George Eumorfopoulos　他在东印度公司工作，得暇就来中国买古董，收藏之物，包括铜器、玉器等，品类颇多，是一位有名的收藏家。

三、Oscar Raphael　是收藏古玉的人，也从事研究。

四、R.L.Hobson, C.B.　是一位瓷器专家，收藏并不多。

五、Prof.W.Perceval Yetts.O.B.E.　是一位铜器专家。

他们五个人，认为中国艺术品，分散在各国的博物院里，如果能把各地所藏珍品，通通运到英国来，举行一次国际性的大规模展览，那将是一件轰动世界的创举。他们就筹备起来。

首先，要得到支持的，是我国政府，因为中国艺术品，虽是流落到国外的非常多，故宫博物院仍是收藏最富的。他们便去向中国大使馆方面去试探。那时，我国的驻英大使，是郭泰祺先生，他认为这是一个好机会，使欧美一般平民，了解中国的伟大，艺术的精美，答应他们向国内探询。赶快就把这事报告政府，政府就把这事交给故宫博物院理事会讨论。

我国文教界人士，对此事看法不一：慎重一点的人，觉得把国宝运到这样遥远的地方去，途中如果发生了什么问题，将无以对国人；一些有远见的人，则认为中国文化对外宣传不够，在英国城市中，衣冠齐楚的黄种人，他们都认为是日本人，唯有英国伦敦的蜡像馆里有两个中国人的模型，一个是缠足的妇人，一个是拖着辫子，躺在床上吃鸦片烟的男士。现在既然有了解中国文化的人士，提倡在伦敦举行一次专门陈列"中国艺术品"的大规模展览，这是多么好的机会！不但宣传了中国艺术，也叫欧美人士知道，在东亚，有一个古老的大中国在。

理事会对于这个问题，详加讨论，做成几条结论如下：

一、这是国际宣传的重要措施，事在必行。

二、为了使担心文物途中安全的人，得以安心起见，与英方洽商，由英国军舰载运护送。

三、由故宫博物院选派经验丰富的职员，自行办理装箱、护送，及陈列工作。

四、文物出国之前，将全部展品，先在上海展览一次，回国之后，在南京展览一次，以取信于国人。

五、成立筹备委员会，负责进行，并由教育部主持会中工作。

我政府把这个决定，通知英方发起人之后，他们非常高兴，决定了这个会名为 International Exhibition of Chinese Art. London，即"伦敦中国艺术国际展览会"，会期在一九三五年冬，到一九三六年春，地点在伦敦的皇家艺术学院（Royal Academy of Art）。展品征集的对象，是各国藏有中国艺术品的博物馆，及世界各地的收藏家。

伦敦艺展会的组织，是由中英两国政府联合监导，由两国元首做监理，两国最高行政长官做名誉会长，两国朝野名流及驻英各国外交使节做名誉委员。成立理事会，设理事长，由中英两方公推李顿爵士（The Earl of Lyton）担任，副理事长及理事，由两国各任其半。

大事已定，中英两方，开始忙起来了，这几位发起人，仆仆风尘，到各国去选借展品，好在哪一国的博物馆，藏有什么宝贝，是人所共知的，名义上是去选借，实际上只是去借而已，他们的成绩不错，名迹大部分都被他们借到了。

在中国方面，我们成立了筹备委员会，会中职员，大部分都由教育部调派，这个筹备委员会办理了下列这几件事：

一、出国展览文物，以故宫博物院为主，并由古物陈列所、河南博物院、安徽图书馆、北平图书馆、中央研究院及私人收藏作为辅助。

二、展品的选择，由出品机关自行初选，筹备委员会聘请专家复选，最后的决定，要等英方派来的鉴定人到后，共同商定。

三、重要国宝，如散盘等，不在被选之内。

四、选定文物，属于纸片类的，均加以修裱，属于器物类的，每件做一囊匣，做囊匣工作，由北平雇请专门技师承做，匣内有软囊，避免震动，曾经试验着买来一个薄瓷碗，放入囊中，由楼上把囊丢下来，打开一看，丝毫无损，于是大家放心了。匣外用宫中织锦作面，以颜色分类别，例如玉器匣用绿锦，铜器匣用黄锦，瓷品匣用蓝锦等，非常漂亮。然后分类装入大铁皮箱内，用木丝塞紧，文物安全方面，是特别注意到了。

五、文物出国之前，定在二十四年（1935）四月间在上海展览，那时外滩的中国银行的行址，正拟改建，在拆除之前，先借来做为展览会场。

筹备的工作，是非常繁忙的。故宫博物院方面，更是忙得不可开交，那时点收的工作，正在加紧进行，又要开箱提件交付审查，于是由北平调来大批人员，加入工作，天主堂街这个库房里，真是热闹极了。

二十四年（1935）春天，英方的鉴定人员来了，我国的鉴定人员也到了，挑三拣四，费了好多天工夫，才算决定，选定的文物类别及件数如下表：

类别 ＼ 机关 ＼ 件数	故宫博物院	古物陈列所	河南博物馆	安徽图书馆	北平图书馆	中央研究院	张乃骥	合计
铜器	60	36	8	4				108
瓷器	352							352
书画	170	5						175
玉器	60	2						62
考古选例						113		113
珍本古书					50			50
家具文具	19							19
珐琅	16							16
织绣	28	1						29
剔红	5							5
折扇	20							20
杂件	5	3						8
总计	735	47	8	4	50	113	65	1022

　　文物出国期间，负责人员，由行政院聘郑天锡先生做特派员，他曾做过驻英大使，对英国情形很熟。郑氏非常爱国，有一天，在陈列室里遇到我，他问我："你看外国博物院保管的铜器好，还是我们的好？"我说："外国保管的，也是我们中国的东西，一样的好。"他说："不然，我们中国政府的铜器有宝光，他们的没有宝光。"他最讨厌有人谈到中国出品中，那一些不好。这样忠贞爱国的人，令人佩服。教育部派了唐惜芬先生做他的英文秘书，办理交涉事宜，故宫博物院派庄尚严先生做他的中文秘书，兼负运英文物保管陈列之责。另外再由故宫博物院另派傅振纶、宋际隆、牛德明和我四个人，专负保管陈列之责。

　　展品的运输，英方答应了中国政府的要求，派军舰萨福克号（H.M.S.Suffolk）代为载运赴英。

　　民国二十四年（1935）四月，文物出国前展览，在上海外滩的中国银行旧址开幕了。参观的人，非常踊跃。有一天，参观的人已经先后散去，只有一位外国的老太婆，仍然徘徊不去，招待参观的职员告诉她，时间已到，请她离去。她向这位职员提出一个要求，希望能准她在宝座上坐一分钟，几位职员看她已是老年人，就答应了她，她坐了一会儿，欢天喜地地向大家道谢而去。

　　这一次展览圆满闭幕之后，马上装箱准备起运。

　　二十四年（1935）六月六日，萨福克军舰开到了，当天就装船，舰长曼纳斯（Captain E.Menners A.D.C.）对于文物安全十分注意，叫水兵们把箱子用厚木板夹起，用粗绳扎牢在舱里，即或遇到风浪，箱子也不会摇动，舱门加封上锁，由舰长指定一人掌管钥匙，每天会同中国方面押运人员入内查看一次。中国方面的随船押运人员，是中英文两位秘书。六月七日的清晨，萨福克号载着中国的国宝，离开上海，驶向伦敦去了。

　　那时，在这一条路上，英国的殖民地很多，港口也有不少，这条船每到一个地方，就要停几天再走，预计要在七月底之前，才能到达英国，押运人员倒是有机会在各地游玩。

我们四个人，并准备乘意大利的邮轮到威尼斯，然后转道赴英。那时，意大利的邮轮，是这条航线上最快的轮船，本身的速度快，沿途没有自己的码头，每到一处，租用几个小时的码头，备客货上下，马上又开走了，省时甚多，大约走二十三天便可以到威尼斯。我们并不忙着走，一直等到七月中旬，我们才由上海动身。

船开的那一天，报纸上已然登载着有台风的消息，许多公司的船都改期开船了，我们打电话去问意大利轮船公司，他们的答复是准时在十二点开船，我们在那时，也不懂得台风的厉害，我们按时去上了船，四个人正好是一个房间，安置妥当，便到甲板上去看风景，船在黄浦江中，开得很慢，也很平稳，开出吴淞口不久，船开始颠摇，以后摇动得很厉害，大家赶快上床就寝。第二天早晨，从圆圆的那个小窗子往外看，远远地一个大浪前来，好似一座小山，一直打到船上，这个刚刚过去，另一个浪又紧接而来，使得这一万六千多吨的船，摇摇摆摆，没有一会儿的安静。这一天，我们都没有吃饭，船上的侍者，替我们拿来的水果、点心，我们也无法下咽。傍晚时间，我们到达了九龙，靠上码头，我们便下船散步，两只脚好像踩到了棉花一般，到了岸上，对陆地真是亲切极了。

我们担心这二十多天怎样的过法，照这样摇到威尼斯，岂不是小命难保！好在我们有一个希望，明天台风可能过了，海上也许不会这样大浪连天。第二天清晨，我们立在甲板上看着开船，海水一片碧绿，平静得似乎连皱纹都没有，从此以后，一直到威尼斯，没有遇到过一次大浪，船上时常有音乐会、电影，以及各种娱乐，颇不寂寞，航行二十三天，到达了威尼斯。

这艘船上，中国人颇多，都是到欧洲去留学的学生，大家组成一个旅行团，每到一处，大家就去上岸游览，像新嘉坡（新加坡）、孟买、锡兰（斯里兰卡）等地，都曾游览。

我们在威尼斯，只逛了半天，就乘火车，经瑞士，到法国西岸去。在火车上，遇到一位意大利小姐，她拿出一本会话书来，这本书一边是英文，一边是意大利文，她找到一句："你是哪一国人？"指给我们看，我们就找出："我是中国人。"指给她作为回答，一路上就用这种方式谈话，倒也不觉得寂寞。可惜她在半途中就下车了。

到了法国西岸，要乘船渡过英吉利海峡，才能再坐火车到伦敦。我们又有点担心，因为英吉利海峡风浪之大，是有名的。但是那天却风平浪静，平安渡过。到达伦敦时，唐惜芬、庄尚严两先生已在车站来迎接我们了。

大使馆替我们租妥公寓房子，两人一间，很宽敞，供给三餐，门前就有公共汽车，可以直达皇家艺术学院附近，也很方便。从第二天起，我们就按时前去办公，按时回去休息。

我国的出品到达以后，各处的展品，也就陆续运到，展览会中便开始了编目工作。

展品中最大的一件，是一丈六高的大石佛，隋开皇时的制作。提到这尊佛，使我们又想起卢芹斋来了：他的英文名字是 C.T.Loo，在欧美的博物院、收藏家，几乎是没有人不知道他的。在民国初年，古物出口，不加限制，卢芹斋在河南设庄收买古物，出价比别人高，货色必须是真而精的，好的东西，被他收买极多，统统运到外国去销售，他因此发了财，在巴黎，一座唯一的中国式建筑，就是他的家，是在中国买好一座房子，拆了之后，把材料运到法国，照原样盖起来的。这一座大佛，他运到纽约之后，久久无人过问，这时正与纽约的大都会博物馆磋商，想卖给这个博物馆，价钱尚未商定，听说在伦敦要举行中国艺展，他告诉博物馆先运去展览，俟展览完毕，再继续谈判，等到展览完毕，他竟把它送给大英博物馆（British Museum）了。中国文物，经他手卖出去的，数量最多，真是国家的罪人。这次的展览，他是最活动的人，把他的收藏，也尽量陈列出来了。

在这会场里，真看到不少东西，达古斋卖出去的"工吴王鉴"，昭陵六骏中的两骏，以及许许多多有名之物，都运来了，文物散失，是谁的罪恶呢？

这一次的展览，规模真是不小，选定的展品，是三千零八十件，其中选自我国出品，是七百八十六项，剔除未陈列的瓷器一件，玉器十九件（都是张乃骥私人出品），书画十九件，织绣六件，考古选例九十三件，珍本古书二十七件，合计一百六十五件。

陈列室中按文物时代，依次陈列，皇家艺术学院的地点并不大，而陈列三千多件觉得非常拥挤。会中印有目录，附有寸余见方的小图，每本售价五先令，精装的卖六先令六便士。

门票平日售一先令六便士，每逢星期五售五先令，这是为那些研究的人与那些有钱的人，得以安静观赏。此外还售季票，每张一磅一先令。

展览会是二十四年（1935）十一月二十八日开幕的，到二十五年（1936）三月七日结束，每天开放时间是上午九时半到下午四时，唯星期四是上午十时开始，星期日停止参观。

在展览期间，各地举行过二十五次公开讲演，所讲内容，都是中国艺术，这二十五位讲演的人，没有一个是中国人，可能使外国人想到，中国虽然有这样好的艺术品，而没有人研究，没有人懂得。事实上，中国不是没有这方面的学者，当时为什么不派几个人，去做一番宣传呢？

这次展览很成功，他们知道，蜡人馆里面的模型，那是极少数堕落的中国人，大多数的中国人是有高度艺术修养的，不然的话，他们怎会有这样的成就？所以售票数量，非常之多，为历次展览所不及。

展览会闭幕之后，从三月九日起，我们开始装箱，到十九日才装箱完毕。我们四个人便先离开伦敦，到欧洲去旅行。

首先，到达了巴黎，我有一位中学老师，正在巴黎进修，事先我们约好，请他给我们导游，所以在巴黎玩得很好，著名的风景区、古迹、娱乐场所，真是看了不少，就是那些像裸体跳舞场之类的地方，他也没有忘记带我们去。

以后到瑞士，到罗马，便找不到这样的导游了。到那不勒斯（Naples）时，我们一离开车站，便被一重导游包围了，看那情形，如果不选用一人时，便不会得到自由，我们只好找一位会说英语的，请他引导，我们并且告诉他，我们是准备搭意大利邮轮回国的，今晚天黑之前，便要上船，有大半天的时间，可以好好玩玩。他听了很高兴，说先带我们去看哥伦布的故居。一路之上，介绍名胜古迹的话并不多，大部的时间，是在骂墨索里尼，一个国家领袖，受人民如此痛恨，怎会不失败呢？

晚间，我们上了船。

这只船，仍是去时那只船，沿途停靠码头，也是一样，只是在非洲的一个港口停靠过，是为了使搭乘的几百名士兵下船，调他们到阿比西尼亚（今埃塞俄比亚）去打仗的。我们因此也得机会上岸走走，只见到处荒凉，那些非洲人，除了皮肤黑之外，他们的两条腿就好像两根棍子，瘦细而没有腿肚子。我们到达上海之时，知道文物回国，英国方面，找不到便船载运，改由美国邮轮蓝浦拉号（P.&.O.S.S.Ranpura）装运，由军舰分段护送，船刚开出来，大约还有一个月的时间，才能到达上海，我们就趁此时间，大家都回北平去了，准备船到有期再赶回来。

刚到北平，就听到一个消息，载运文物的蓝浦拉号在直布罗陀搁浅了。这只船是二十五年（1936）四月九日由伦敦乔治五世港开出，到直布罗陀时，晚间就停在港内，夜间被风吹得渐渐接近海滩，第二天清晨，发觉船已搁浅，无法开动，立即要求海军协助，把它拖近深海，船就开行了。这件事，在船上的人，并没有感到严重，但这个消息，被一个法国记者报导出来，并加以渲染，消息传到中国，使国内负责人急得不得了，打几个急电去追问。国内的报纸，也把这消息披露了，于是谣言四起，有人说，这次古物出国，本是押出去的，船搁浅，那是玩的把戏，为什么别的船不搁浅，单是运古物的船搁浅？一直到有电报到来，报告船已脱险，继续开行，谣言才告中止。

五月十七日，蓝浦拉号到达上海，我们都到码头上去接运，直接送到南京考试院，准备做文物回国展览。

回国展览的地点，是考试院的明志楼，时间是从二十六年（1937）六月一日起，展览三个星期，展览完毕，又运回上海，入库保存。

（三）成立图书分馆

故宫博物院的图书馆，设在外西路的寿安宫，入神武门后，要走很长一段路，才能到达，所以对外不能公开。二十四年（1935）五月，在太庙成立一个"图书馆太庙分馆"，供人公开阅览。

太庙，原来是明清两代供奉寝庙之所。故宫博物院把它接收过来之后，觉得这里有宫墙之美，也有园林之胜，便把它辟为太庙公园，与西边的中山公园相对衬。园里有一大片柏树，是灰鹤聚集之所，它们在这里筑巢、生卵、育雏、栖息，故宫博物院恐游人扰乱它们，特用铁丝把这一片地带围起，禁止游人进入，是太庙特景之一。

故宫博物院就在这里设了图书分馆，地方幽静，适于读书。太庙公园，入园本要买票，到图书馆阅书的人，只是第一次入园，买一张票，看完书后，可以领下次的阅览券，每人以一张为限，以后入园看书，便不需购买公园的参观券了。

（四）修建南京库房

文物南迁时，政府已决定把这一批文物，存贮在南京，当时因为无地可容，而上海仓库颇多，只有暂运上海保存，慢慢在南京觅适当地点。

二十二年（1933）七月，故宫博物院理事会开会，曾提到在南京成立分院及保存库的事，原则通过，没有具体决定。二十三年（1934）四月理事会改选，讨论存沪文物处理办法，决定在南京先建一座保存仓库，而建库地点又未决定。一直到二十三年（1934）十二月故宫博物院举行第四次常务理事会议时，才由王理事世杰提议，把朝天宫全部，划归故宫博物院，做为成立南京分院及建筑仓库地点，又经提经理事大会决议，呈奉政院核准，地点问题，始告解决。

朝天宫全部面积，共有一百三十八亩二分九厘二毫，地址高旷。原有的建筑，因山作势，崇弘壮丽。《江宁府志》的记载，说：

> 朝天宫，即古之冶城，吴时鼓铸之所。杨吴时，建紫极宫，宋改天庆观，元改为玄妙观，又升为永寿宫，明洪武十七年（1384）重建，改名朝天宫。殿后有万岁亭，凡大朝贺，于此习仪。晋卜壶墓，郭文举台皆在侧，又有飞霞、飞云、景阳三阁，临眺一城之胜。清同治四年（1865），李鸿章权两江总督，于此改建府学，仅成棂星门、戟门，大成殿两庑。曾国藩再督江南，始建崇圣殿、敬一亭、宫墙、泮池、牌坊、府学头门照壁、明伦堂、尊经阁、教授、训导二署，及名宦、乡贤、忠义、孝悌等祠，皆附于此，为南京重要古迹。

二十四年（1935）四月理事会决议，推内政部部长、教育部部长，罗理事家伦、李理事济、马院长衡为工程委员会委员，负工程进行之责。

朝天宫的崇圣殿、大成殿一带，留下来做为将来改建展览室之用，库房建筑在明伦堂的背后。

库房用钢骨水泥建筑，凡三层，每层是一个库，各在前面截出一块地方来，作为办公室，与库房不能相通。库背后靠近一小山，小山之下，挖掘山洞，也做成一个库，与前面最下一库相通。这个库房，因为建修在土山之下，没有空袭之虑，小型炸弹不会炸穿，较为保险，大家叫它做保险库。各库中，除最上层一库，有许多六七寸见方的小窗外，其他各殿，都没有窗子，库内空气与温度调节，都用机器管制，保持适当度数。

二十五年（1936）三月开始兴建，到八月间完工。

故宫文物运到南京

南京的朝天宫，拨给故宫博物院成立南京分院及修建保管仓库，教育部在民国二十四年（1935）七月就照拨了。库房的修建工作，是从二十五年（1936）三月间开始，到十一月间修建完成。

从二十五年（1936）十月份起，故宫博物院的驻沪办事处，就为这事开始筹备。

第一个问题，是运输工具的决定。文物南迁时，是由北平用火车运到浦口，然后装船运到上海。这一次是不是仍然走这条路线？结果是为了容易控制时间，决定改用火车，由库房用汽车运到火车站改装火车，到南京下关，仍用汽车运到库房。

第二个问题，是职务如何分配？因为这次事是牵涉到驻沪、驻京两个办事处的工作。当时决定，所有南京方面有关事务的事，包括雇汽车由下关运到库房，库房内的各项设备，及向铁路局接洽火车的事，统由驻京办事处经办。但起运之后，驻沪办事处应派员到京，办理箱件接运、库内存放等有关文物箱件之事宜。上海方面有关事务的事，及文物箱件的装运之事，统由驻沪办事处办理。

这两个问题解决之后，所有接洽车辆、工人警卫，以及付印表格，库内做箱架之事，都是容易解决的事，于是决定了十二月八日开始运输。我和几位同事，被派到南京去，照料那边接运的事，第一批运出时，我们在上海的火车站，照料卸汽车、装火车，然后随着火车到南京，就留在那边专负接运的事。

我们在火车站装车，每一汽车开到，就根据单子上面的箱数，先数一数，箱数相合，就指挥工人卸下来装入火车，每人管一个车厢，装满之后，照单子上所列箱数，统计一下，这车厢装了多少，立刻算出，大家觉得颇为轻松。可是，押运来的同事，告诉我们，库房那边，秩序不太好，惹得欧阳主任大发脾气。原来是在做准备工作的时候，有一位聪明人，出了一个主意，说：每箱出库，由人报了箱号，再由一个人写下来，太麻烦，不如印一张号单，自第一号起，印至若干号，箱件出库时，一个人报了号，那一个人只在号上钩一下，就快多了。办事处采用了他的建议，谁知这是一个极不好的办法，找一个号，比写一个号慢多了。搬箱的工人，是茂泰洋行有训练的工人，每人扛起一箱，陆续而行，前面有一个工人，立在那里等着找号，后面的也就走不动，若干人都背着箱子立在那里，怎不惹得工人大叫？于是秩序乱了。有一位同事，告诉这位划号的人，不要再划了，他又不肯，说："叫主任看到怎办？"这位同事说："回去再替他划一份不成吗？"这位先生才纳了忠言，工人也就松动开了。事后大家检讨这件事，都认为闭门造车的办法，往往是行不通的，经验是很重要的。

火车装完，大家核对箱数不误，回到车上休息，晚饭后，大家因为累了一天，都疲倦了，很早就都睡了觉，第二天醒来时，车已到了南京。

卸车的工作非常顺利，大半天的时间，就完全运毕。这一次运的是古物馆箱件二四六六箱，图书馆四二〇箱，伦敦艺展箱七六箱，合计二九六二箱。

以后又陆续运了四批，就把存沪文物箱件，完全运到了南京库房。各处保管箱件，在这五批中，共运出的是：

（一）故宫博物院本身保管箱件

一、古物馆　　　　　　　　　　　　　　　　　二六三一箱

二、图书馆　　　　　　　　　　　　　　　　　一四一五箱

三、文献馆　　　　　　　　　　　　　　　　　三七六六箱

四、前秘书处　　　　　　　　　　　　　　　　五六七二箱

五、艺展箱件　　　　　　　　　　　　　　　　　八〇箱

六、艺展退回文物箱　　　　　　　　　　　　　　　七箱

七、法院另封箱件　　　　　　　　　　　　　　　一一箱

（二）其他机关保管箱件

一、古物陈列所　　　　　　　　　　　　　　　五四一七箱

二、颐和园　　　　　　　　　　　　　　　　　六四〇箱

三、国子监　　　　　　　　　　　　　　　　　一一箱

总计是一万九千六百五十箱。

上面所列箱数，有的与南迁箱件不同，其原因是：

一、上列文献馆箱数为三千七百六十六箱，南迁箱数是三千七百七十三箱。是因为文物运到上海之后，文献馆又提了老满文档八箱，运回北平。二十五年（1936）二月又由平运沪一箱，所以现存之数，比南迁时少了七箱。

二、前列"艺展箱件八〇箱"，是南迁时所没有的。这八十箱中文物，是由各箱中提出，运往伦敦参加展览的，回国后仍保持原状，未归回原箱。

三、前列"艺展退回文物箱七箱"，也是南迁时没有的，箱中文物，是经艺展会初选，选定之件，又经复选时被剔除的。这七箱里的文物，是还没有归回原箱的。

四、前列"法院另封箱件十一箱",是法院检查易案,认为有问题之件,被另封起来的。

五、古物陈列所上列箱数是五千四百一十七箱,南迁箱数是五千四百一十五箱,多了二箱,是因为他们把运英展览文物的锦囊空盒,装成二箱。

因此,这次运京箱数,比南迁时,增多了九十三箱。

库房里面,一楼是在地面,恐怕潮湿,下面做了箱架,是用横竖木条钉成,离地只有五六寸,下面已可通风了。二楼三楼就不用木架,因为这两楼没有潮湿的顾虑。

二十六年(1937)一月,故宫博物院的南京分院成立,原有的驻沪、驻京两办事处同时撤销。

从这时起,故宫博物院又复走上了轨道,力谋发展,我们先谈北平方面:

一、文物继续集中 图书、文献两馆,他们的集中工作做得比较彻底,因为他们的库房与办公室连在一起,工作比较方便,而且,他们把文物提到之后,就直接由他们管理,整理编目工作,无需再用"出组"手续。古物馆的情形,便不同了,库房与办公处不在一起,到库房去整理编目,做任何工作,都要照"出组"手续,事先通知秘书室,由秘书室代开组单,会同军警、工人等一齐到库房里去,做起事来,不太方便,效率也就差了。古物馆的计划,是想把北五所——敬事房、寿药房、古董房、如意馆、四执库,改成库房,在文物南迁之前,只是把敬事房整理出来,成立一个库房,其他四处,因为原存的东西,无处可迁,仍存原状。现在为了要彻底执行文物集中的原则,先从寿药房起,把这处原存之物,用分家的办法来处理,凡是应属哪一馆或哪一处的东西,就由这个馆或处提去,运到自己的库房再加整理。一个官殿分完了,再到另一个殿去,希望在若干年后,分类集中的工作,可告完成。

在这次集中工作中,发现了不少珍品。原因是在点查的时候,经手点查的人，对古物毫无常识，分不清什么是重要的，现在，经过了若干年来的研究，至少是有了常识，新发现的珍品，以瓷器、玉器为最多，书画也有发现。例如：

五代杨凝式神仙起居法墨迹卷

兰亭八柱帖

宋苏文忠公种橘真迹卷

宋苏文忠公墨竹真迹卷

宋赵子固墨兰真迹卷

元赵孟𫖯绝交书卷

明王宠临帖上下册

清王翚雪江图卷

清王翚武夷叠障图卷

这仅是就记忆所及，举的例子而已。又如郎世宁画的大马《十骏图》，是与真马一般大的写生画，记得在台北展览时，参观的人，有人奇怪说："这是画的马，鼻孔中怎么还出气呢？"画的马，怎会出气？这足见他画的是如何肖真了。现在存在台湾的是十一幅，有郎世宁画的，也有艾启蒙画的，郎世宁的七轴，艾启蒙的四轴。若是查一查登记故宫藏画的《石渠宝笈》，便会知道，所谓《十骏图》的，本有两份，一份完全是郎世宁一个人所绘，马的名字是：

奔霄骢　赤花鹰　雪点雕　霹雳骧　筭云驶　万吉骦　阚虎骝　狮子玉
自在骄　英骥子

这十骏，是著录在《石渠宝笈》初编"御书房"部分的。另一份，是著录在《宝笈》续编宁寿宫的，郎世宁画的只有三匹，其余的七匹都是艾启蒙所绘。郎世宁所画的三匹，是：

红玉座　如意骢　大宛骝

艾启蒙所绘的七匹，是：

驯吉骝　锦云骓　蹋铁骝　倚闲骝　胜吉骢　宝吉骝　良吉黄

古物馆在文物南迁之前，集中书画，找到了十一轴，也就是运来台湾的，是：奔霄骢、赤花鹰、雪点雕、霹雳骧、笊云驶、红玉座、如意骢、大宛骝，及艾启蒙所绘的：蹋铁骝、宝吉骝、良吉黄。既不是《宝笈》初编著录的那一份，也不是《宝笈》续编著录的那一份。其余的九匹，跑到哪里去了？在这次集中时找到了，等于是故宫所藏的两份《十骏图》，都有了着落。

铜镜的情形，也是一样，宫中所藏铜镜，原来是分别著录在三部书中，是《西清古鉴》《西清续鉴》甲乙编，及《宁寿鉴古》。在文物南运之前，已经知道，《西清续鉴》甲编及《宁寿鉴古》是在故宫博物院，《西清续鉴》乙编在古物陈列所，独《西清古鉴》所录的这一批铜镜，不知下落。在这次集中工作中，也被发现了。

图书馆方面，自文物南迁之后，书库已是空空如也。这时又尽量集中，选明版及较佳钞本，充实善本书库，合经史子集及丛书，一共有一万一千六百余册。殿本书库原来还存有一部分钞本，现在又由重复书库里及经史各书库里，提出一万六千六百多册，庋藏在这书库里。其余的书库，经部书库还有九千四百多册，史部书库还有三万零一百多册，子部书库还有一万一千三百多册，集部书库还有一万三千八百多册。总计图书馆留平未运及陆续集中来的书籍，包括经、史、子、集、丛书、方志、圣训、方略、佛经等，共二十九万七千多册。

二、收购文物　民国二十三年（1934）以后，故宫博物院就开始收购有关文物，二十三年（1934）六月，费了许多周折，曾买到甘肃省定西县出土的新莽权衡各一件，这两件本是民国十六年在定西县称钩驿出土，当时出土的不只此二件，但出土不久，即告散失，故宫博物院能买到这两件，已是不易。二十四年（1935）十一月，买到端方密电等六百余册；二十五年（1936）二月，又买到一百余册。二十五年（1936）五月，又买到政府公报二百四十余函，从光绪三十三年（1907）——那时名叫政治官报，宣统三年（1911）七月改名内阁官报，民国元年（1912）改为临时公报，同年五月改为政府公报——到民国十七年（1928）为止。以上各物，买到后，分别交由古物馆及文献馆保管。

三、充实陈列室　文物陈列的工作，规定要随时调整，尤其是书画陈列室，长久悬挂，易受损伤。当时陈列室之多，是以前所没有的。属于古物馆的：

1. 陈列名画的，有三处：一个是钟粹宫前殿的名画专门陈列室，一个是坤宁门东板房第一名画陈列室，及批本处第二名画陈列室。这三处的分配，大约是最精品陈列在钟粹宫，时代较晚的明清画，分别陈列在其他两处。

2. 陈列法书的，是钟粹宫的后殿。

3. 陈列铜器的，在景仁宫专门陈列室。

4. 陈列宋元明瓷，在景阳宫专门陈列室。

5. 陈列清代瓷器，在承乾宫专门陈列室。

6. 陈列玉器，在斋宫专门陈列室。

7. 陈列钟表，在永和宫，这里仍是参观人最欢迎的陈列品，以前那一批奇巧的钟表运走了，又由各宫殿提来一批。

其他如景泰蓝、雕刻、如意、缂绣、铜器拓片及印谱、象牙、整支象牙及大件象牙雕刻、盆景、剔红漆器、乾隆珍赏物品等，每一类有一个陈列室，另有木器陈列室三个，分别陈列明清木器，设在抚辰殿、建福宫，及慈宁宫三地。

属于图书馆的，有两个陈列室：

1. 英华殿陈列室　陈列清高宗及名人写本佛经。这个殿的院落里，有一棵菩提树，所结菩提子，有白线，称为银线菩提，可以穿做手串或念珠之用，参观人到此，看到了说明，多拾几粒回去做纪念。

2. 咸福宫陈列室　咸福宫在内西路的西北角上，嘉庆四年（1799），清仁宗在这里住过，图书馆用这里陈列清高宗写本佛经、清高宗御笔刻本佛经及清高宗历年元旦写本心经。

文献馆的陈列室，都在外东路，轮到开放外东路这一天，参观人进了神武门，要向南走完一个"东大街"，走到皇极门，才能回转来，向北走，一个一个陈列室看完，出了贞顺门，又离神武门不远了。

在走到皇极门的时候，首先看到"九龙壁"，是用五彩琉璃砌成的，这九条龙的排列，是：

一、正中是一条黄龙，龙首居中，身子盘旋起来。

二、黄龙的左右，是两条蓝龙，皆东向。

三、蓝龙的旁边，各是一条白龙，皆西向。

四、白龙的旁边，各是一条褐龙，皆东向。

五、褐龙的旁边，又是两条黑龙，在西边的东向，在东边的西向。

各龙颇为生动，形态各不相同，下面砌碧色琉璃，像海水之形，白沫飞舞，间以山石，缀以云气，每龙各戏一珠，上边盖黄色琉璃瓦，下承以白玉石座。制作之精，只有北海的九龙壁，可与比拟。

进入皇极门，再经过宁寿门，便到了皇极殿，建筑仿照乾清宫，文献馆在这里陈列"万寿图"。万寿图是皇帝生日的庆典纪录图。清康熙五十二年（1713），是圣祖六旬正诞，侍郎宋骏业，奏请绘万寿图二卷，并列入万寿盛典初集；乾隆五十六年（1791），又是高宗八旬正诞，也仿康熙之例，绘图二卷，刻入八旬万寿盛典中。这里把原图陈列起来。

皇极殿后面是宁寿宫，陈列内外臣工绘进的舆图，分目录、舆地、江海、河道、武功、巡幸、名胜、瑞应、效贡、寺庙、山陵、风水等十二类。

往后走，经过养性门，便是养性殿，文献馆把它作为乐器的陈列室，所陈乐器，一种是朝会燕飨等乐，钟磬笙箫之属；一种是清代各帝赏玩的古琴。

在养性门与养性殿之东，是畅音阁与阅是楼相对，畅音阁在南边，阅是楼在北边。畅音阁的形制，与颐和园的大戏台相似，宫史没有纪录，可能是慈禧时所增建，为宫中演剧之所。从阅是楼到畅音阁，四周都有回廊，与一般的大戏台相同。文献馆把畅音阁的大戏台仍存原状，在阅是楼里面，陈列剧本、戏衣、盔头、砌末，原是升平署所存，多是外间少见的。按其性质，分为：剧本、曲谱、题纲、串头、排场、戏箱物品、档案、杂曲、乐章等九类。

养性殿的后面，是乐寿堂，为清高宗归政后的住所，他在乾隆四十一年（1776）丙申，已然做好打算，预备将来住在这里，在他《题乐寿堂诗》的自注中说：

> 向以万寿山背山临水，因名其堂曰乐寿。后得董其昌论古帖，知宋高宗禅后有乐寿老人之称，喜其不约而同，因以名宁寿宫书堂，以待倦勤后居之。

文献馆把乐寿堂的东室，陈列内务府档案，西间寝室里陈列慈禧太后的用品，因为这里曾是慈禧太后生前起居之所。后殿陈列清代钱币，其中吴三桂父子铸的钱若干种，在清代视为逆品，谈泉的人，多没有见到过。

最后的三个殿：景福宫陈列内阁文物，包括承宣或进呈的官文书，帝王言动、国家庶政的当时记载，合修书籍及其文件、腰牌，因修书而征集的参考资料，内阁日行公事之档案稿件，盛京旧档等。颐和轩陈列各帝御用的盔甲、弓、箭、刀、剑、火器等，景祺阁陈列圆明园烫样。同治十二年（1873），穆宗为颐养慈安、慈禧两后，命内务府重修圆明园，当时太平军势力还强，廷臣力谏，工程虽未进行，拟修工程的烫样，还存在内务府，选了十六件，陈列在景祺阁。

看完以上各陈列室后，就要出贞顺门，经神武门出去了，在未去贞顺门之前，参观人会看到一眼井，上面盖着木盖，还用锁锁起来，这就是"珍妃井"。珍妃是光绪的宠妃，不能得慈禧的欢心，庚子之役，慈禧仓皇出走，还忘不了把珍妃推入井中。

四、文物审查　从文物南迁以后，文物审查的工作便停止了，在上海的时候，虽曾举行过不少次的各种审查会，但那是为参加伦敦国际展览会而临时举行的。二十四年（1935）五月九日公布了专门委员会章程以后，各种审查会，如陶瓷审查会、铜器审查会、美术品审查会、图书审查会、史料审查会、戏曲乐器审查会、宗教经像审查会，还另外成立了一个建筑物保存设计委员会，实际上开会次数极少，是因为重要文物都南迁了，提不起兴趣来。

现在，我们再谈谈南京分院方面。

分院，是一个新成立的机构，充满了一片朝气，研究的风气比较盛。例如书画，古物馆的同仁，总是感觉钉封在木箱里不是办法，便主张做木柜，把所有书画，都按照作者及其时代，分类存入柜中，将来对某一画家作比较研究，或提件照相印刷，都比较便利，这一个意见，提请院长核示的时候，马院长的意见，认为时局并没有到十分稳定之时，将来是不是再转运，没有人知道，现在还不宜完全上架子，最后决定用分箱集中的办法，某一个人的作品，尽量放入一个箱子里。这不是一个小工作，几千件的书画，分起来不是容易事，古物馆的同仁却答应了这样做，而积极地干起来。

各馆各处的人，都提起精神地干，休息的那一天，常有郊游的组织，例如我与庄尚严、朱家济、吴玉璋诸先生就常去栖霞山、燕子矶等地旅行。

文物点收的工作，在上海时并未完成，为文物运京，又停止了一段时间，南京方面一切安置妥当之后，又继续进行，从二十六年（1937）一月十二日起，恢复工作，到六月十四日才告结束。

民国二十六年（1937）五月，教育部在南京举行第二次全国美术展览会，地点在国民大会堂（今南京人民大会堂），陈列古今美术品。古器物方面，大部分是由本院供给，有法书、名画、铜器、瓷器、玉器、雕刻品等，数量占展品总数的百分之八十以上。

这一次的展品，有一批值得一提的，是广东陈大年先生的出品。陈先生是研究古玉最有成就的人，他的出品，自己印有《陈大年所藏玉器石器琉璃器说明书》小册子，他的见解，在一二十年之后，大部分被人证实他所见不差。我存有·本，一直带到台湾来，可能是在台唯一的孤本了。他在南京不久，我不及与他见面，以后常想与他联络，一直到古物迁台之前，才联络到，得到他一封信，真是视同拱璧，我把它附在这里，以存纪念。①

南京分院的另一件重要工作，是设法把文物展出。朝天宫的大成殿、崇圣殿等处，殿宇宏大，可以修作陈列室。当时就把房屋的修理费、陈列柜制作费、光线调节等计划，拟好预算，呈请拨款。不想预算尚未核准，卢沟桥的炮声响了，放在眼前的工作，是如何维护文物安全的问题了。

民国二十六年（1937）七月七日，日本人在北平，发动卢沟桥事变，大家知道，日本人想夺取华北了；接着，在八月十三日，他们又在上海发动八一三事变，日本想亡我的野心，是很明显的，我们不能不作抵抗，而战事一起，文物的安全，是非常可虑的，现在唯一的办法，是向后方疏散。

存北平文物，现在已是无法再运出来了。存京文物，数量是那样多，运输

---

① 因无法制版之故，本书未能展现作者所言书信影件。——编者注

工具、存放地点、经费筹措，都是问题。所以故宫博物院最初的决定，是把运到伦敦展览的一批文物，再加入一些重要文物，凑成八十铁皮箱，先行运到后方去，其余文物，看看局势如何，再作定夺。

这一批文物，是在二十六年（1937）八月十四日由南京运出的。押运人员是庄尚严、曾湛瑶和我三人，另派曾济时先到长沙去接洽贮存地点。庄先生是带家眷去的，准备与曾济时留在那里典守，我与曾先生，是准备仍然回南京的。

这八十箱，为数不多，不能包雇一只船，就包了一个舱，我与曾先生两人也住在舱里，把舱门大开，风景看得清清楚楚，我们带得有酒、菜之属，邀了押运士兵的排长，一面谈天，一面饮酒，真比坐头等舱还觉得宽敞舒适。

船到汉口，箱子由轮船卸到了趸船，再把趸船驳过了江，等了两天，才换装火车，运到长沙。

在长沙贮存的地方，是岳麓山下的湖南大学图书馆的地下层。我们在长沙车站附近的旅馆里，住了两天两夜，才把运输的车船接洽妥当。

由长沙车站运箱子到湖南大学图书馆，要经过一条江，运时要用汽车运到码头，装上木船划过了江，再改用汽车运到图书馆，我们四个人的职务分配，是曾先生在车站，我在码头，曾济时在对岸码头，庄先生在图书馆。四个人各在一处，联络甚感不便。有一次，曾先生有事，想和我商量，叫了一辆人力车，结果车夫一步步缓慢而行，他叫车夫快一些，车夫告诉他："你有忙事为什么要坐车？"后来才知道，那里的人力车是不跑的。

八十箱东西，运了一整天，才告完毕。

曾先生与我等候院中消息，准备回京，每天无事可做，把岳麓山做为消闲之处，每天去爬山，后来院中的信来了，叫我们赶快回去，我们到了长沙，买不到去武昌的票，正好有小船拉客，是由湘江入洞庭湖，我们觉得在洞庭湖中泛舟，也是乐趣，上船之后，知道是一只小火轮船，船长把极好的舱位给了我们，一路倒也愉快。到汉口后，船票也是买不到，有人兜揽搭"黄鱼"，这种搭黄鱼的事，我只听说过，而没搭过，也愿意试它一试，船员把我们带到船头的船员卧室，每人给我们一个座位，告诉我们，外边有什么事，你们都不要言语，安安地睡觉就是。原来凡搭黄鱼的人，在稽察来查，要听船员的指挥，各处藏躲，我们出的钱多，才享此优待。到了南京，船停江心，通知大家，半个钟头船就开到镇江去，下船的人马上要下。我们到船边一看，人是用绳子系下去，下面有小木船在下面接运，那天，正是风雨交加，水浪颇大，看到小船摇摇晃晃的样子，我真是害怕，那时，不下船既不可能，只有冒险了。我们两手紧握着绳子，两脚踩着绳端那个绳结，被系下来，放入小木船中，小船摇摇摆摆，到达岸边，船夫问我们要了不少钱，我们觉得太多，他说："我们赚的是卖命的钱。"我们想，我们不也是卖命？

南京的街市，显得很冷清，我们的库房，已变成空袭时教育部的避难所，空袭时这里反而更热闹，院长规定，紧急警报来时，大家必须进入库内。我与几位同事，都偷偷藏在库后小山上，看飞机打仗，两架飞机相遇，都是抢着飞到敌机上方，一有机会，马上射击。有时敌机被我们英勇战士击落时，会听到有鼓掌声，才知道偷着看的，不只我们几个人。

马院长想把我调到长沙去，计划在湖南大学图书馆附近的山边，开一个山洞，贮存文物，洞外盖几间小房，做办公室及我的宿室之用，他说："你的眷属不在这里，一个人住在那里安安静静地研究古物，岂不很好？"我倒也觉得这对我是很好的，而且爱晚亭附近，风景宜人，在那里住下来，真是入了仙境。

不久，我趁马院长赴长沙观察之便，一同去了长沙，我们把开山洞的地点，盖房子的地点都看好了。当天晚间，马院长接到电报，行政院决定文物紧急疏散，他就匆忙赶回南京，我暂租民房居住。第三天，我也接到电报，叫我赶到汉口，办理接运文物工作。同去的，还有曾济时。我们立刻动身，已是天黑了。走到江边，并无渡船，幸而曾济时是本地人，用他的湖南腔喊了一阵，一只小船来了，把我们渡到对岸，到长沙，他买到了当晚去武昌的快车票，我深佩他是人杰地灵。第二天清晨，我们到了汉口。

曾济时到汉口几天，就回长沙去了。这时，长沙的情势，也不大好，因为这里已有了空袭，火车站也被炸了。政府认为存在长沙的文物，有再向后方迁运的必要，于是马院长命令，马上迁运，目的地以贵阳为准，至于存在何处，到贵阳时与贵州省政府主席吴鼎昌洽商。庄先生他们马上接洽运输工具，匆忙起身，离开了长沙。

文物离开长沙不久，长沙被轰炸，湖南大学图书馆被炸平了，又过了不久，长沙再度被轰炸时，爱晚亭附近，因为避空袭的人很多，被敌机低飞扫射，死了许多人。为文物安全想，这真是一件大幸事，为我自己想，也算幸运呢！

由长沙到贵阳的运输，行政院认为湘西一带，地方不靖，恐怕途中发生意外，指定必须绕道桂林，而当时广西情势，与中央并不十分合作，因之这一段运输，被分成三段：由长沙到广西的边境，由湖南公路局派汽车十辆装运，这十辆车中，九辆是南京市的公共汽车，被疏散到后方来的，一辆是邮政局的卡车，由湖南省保安队派保安警察随车押运；到广西边境之后，由广西公路局派卡车接运，改由广西的宪兵随军保护；到了贵州边境，又换贵州公路局车辆，改由中央宪兵随车押运。

这次的运输，匆忙起程，来不及事先派人到贵阳去找贮存地点，只发了一个电报给贵州省政府吴鼎昌主席，请他协助。文物运到贵阳，正值旧历元旦，什么事都不能接洽，幸好得到吴主席的许可，把所有文物暂行存放在绥靖公署里，新年过后，又承吴主席派员协同寻找贮存地点，在贵阳城外，本有几个地点比较合适，但是行政院的指示，必须存放城内，最后在六广门内找到了一个花园，在此设立办事处，并贮存文物。

文物在贵阳城内不到一年，理事会觉得万一贵阳有了警报，这里还是不安全，必须寻找山洞，或开凿山洞，把这批文物放进去，才能放心。在二十七年（1938）冬，在贵州安顺，找到了一个华岩洞，洞在安顺南门外的读书山，山名是当年洪北疆先生起的，山下有一天然山洞，就是华岩洞，洞很大，就在洞里建起房屋，做为库房，这里既安全又不潮湿，是一个存贮文物的好地方。二十七年（1938）十一月，把这八十箱文物，存入华岩洞，成立故宫博物院安顺办事处，是故宫博物院在疏散期间三个办事处之一，由庄尚严先生做主任。那时，曾济时已离开博物院，院中又派去朱家济、李光第、郑世文诸先生，共同保管。

故宫文物疏散后方（一）

日本侵略我国，我们决心抗战之后，故宫文物有急于向后方疏散之必要。故宫博物院运了八十箱精品到长沙，再转运贵州，那只是故宫收藏中极小的一部分，一万多箱的文物，还存在南京的库房里，怎能叫它们冒着战争破坏的危险，留在那里？

　　马院长由长沙赶回南京后，得到政府命令，马上紧急疏散，便赶快接洽船只，抢运了二千多箱，派了几位同事押运到汉口，暂时租仓库贮存。这些押船的人，是临时派定的，在几个小时之内，要回去整理行李，前去上船，可以携带眷属同行。这些人可真是忙了，单身的同事，没有问题，有眷属的人，莫不手忙脚乱。一位同事朱家济先生，匆匆回家，看看什么东西都舍不得，索性什么东西都不要了，拿起桌上的一把折扇，忍泪离开了家门。汽车要开赴码头之前，算算人数，还可以增加一人，临时通知了李光第，他的准备时间更短，大家坐在汽车上等他，只见他背出一张方桌来；大家笑不可仰，问他带这东西做什么？他自己也觉得不对，又想背回去，大家说："扔在那里算了，背回去做什么？"这确是把人忙晕了头，一切不知如何是好了。他太太也是不知拿什么好，看桌上还有一个鸡蛋未吃，顺手揣在怀里，一直到上了船，安定下来，她觉得腰间怎会湿湿的，才想到必是那个鸡蛋破了！

这一条船开走之后，马院长开始办理南京方面未了之事。他想：运出这一条船，已是费尽九牛二虎之力，在这个环境之中，其余的如何运法？而且，运出去的一批，如何安置，也有自己去料理的必要。他派定了科长黄念劬，和三位职员，留守南京，其余的职员，有的派赴汉口，有的被疏散了。他自己携同派赴汉口的职员，一同乘火车，经徐州、郑州，而到汉口，被疏散的人，多是只身在京的，留在南京无益，也随着到了汉口。

马院长到汉口不久，接到南京电报，知道军事委员会蒋委员长有令，继续抢运留京文物。参与这次抢运工作的，有：委员长侍从室侍卫长钱大钧先生，国防最高委员会秘书长张群先生，南京市政府市长马超俊先生，交通部部长俞飞鹏先生，及中英文教基金会董事长朱家骅先生，他们有的代为拨派车辆，接洽警卫人员，有的代为接洽火车、轮船，有的代为拨派工作人员，有的拨借款项，群策群力，都是这次抢运工作的有功人员。

这时，杭立武先生正留在南京，筹划难民救济事宜，便自告奋勇，协助进行。他是这次抢运中的实地工作者，自己去商雇轮船、接洽车辆，而且由中英庚款委员会中调派职员，参加工作，出力比别人为多。

他们的决定，是由水陆两方面进行，水路方面，用轮船载运，以汉口为目标；陆路方面，用火车载运，以陕西为目标。这个决定，由故宫博物院留京负责人黄念劬报告了在汉口的马院长，并请派员回京协助工作。

马院长在汉口，也开始忙起来，所有被遣散的职员，留在汉口的，一律准予复职了。派吴玉璋、牛德明、李光第三位先生回京，帮忙运输工作；派梁廷炜、曾湛瑶赶赴陕西，办理接运工作；又派我到陕西，接洽储存地点。

为了叙述方便，我们先谈陆路的运输。

在南京抢运，确是一件艰苦的工作，故宫博物院留在南京的职员本来就少，虽然调回三位先生，仍是无济于事。中英庚款委员会调来的职员，也不过是三四个人。他们没有一定的工作时间，只要听说有了船，或是有了车皮，便不分昼夜地马上装运，他们没有时间去吃饭，只有用面包充饥。在库房工作的，遇有警报来临，他们还可进入山洞去躲避，在码头上、车站上，装车船的人，便只有在车子下面，破屋檐下，躲避一时，警报过后，马上续装。

后来，故宫印刷所的工人，有八位愿意留下来，加入工作。有此八位年青的生力军，给大家帮忙不少。他们八个人，分别派在码头与车站工作。

在车站上工作的人，就以车站为家，没有车辆运来，他们就在车下，或是空车皮里，垫上一些谷草，睡一个觉，或是休息一会儿，一听工人喊叫"车子来了"，马上起来卸下汽车上箱件，装入火车里面去。从二十六年（1937）十一月二十日起，开始抢运，到十二月八日止，历时不及二十天，用火车抢运出去的是七千多箱。

在吴玉璋等三位先生赶回南京之前，马院长曾交待他们，无论如何困难，石鼓必须运出。他们到了南京，就把这话告诉了库房的发箱人，发箱人不知石鼓之重要，以为大箱必须要运，连文献馆的戏衣大箱两百箱，也一起发出了。这些大箱，无法装船，统统运到车站装火车，这不但给车站装车人很大的麻烦，在以后运输上，也增加不少困难，因为戏衣箱的盖子是圆的，装运堆置，均感不便，而且这些文物，并不是顶重要的。

陆路的目的地是陕西，放在陕西什么地方呢？陕西不像上海、汉口，随处都有仓库可租，只好暂以陕西的西安为目的地，因为那里究竟是都会所在。一面电委员长西安行营主任蒋鼎文先生，请他帮助。

蒋先生真是十分帮忙，当第一批火车到达西安时，押运员马彦祥（他是马院长的公子，因为在京职员中，抽不出押运的人，请他临时帮忙）就到西安行营去见蒋主任，他一力承当，指派两名副官，专办此事，一位是杨崇耀，一位是贾屏九，告诉他们，所有故宫方面，自己不能办的事，统由西安行营负责，所需经费，也暂由西安行营垫付。

马彦祥先生与两位副官商量一下，他们主张把文物运到僻远的地方比较好，商定明天到陇海路的终点宝鸡去看看，有没有地方可以贮存。

宝鸡是一个小城，从东门走到西门，也不过是五分钟，城内有两个庙，一个是关帝庙，这时是个军火仓库，但所存不多；一个是城隍庙，这时是公路局的工程处。要想把文物放到宝鸡，只有用这两个地方了。于是两位副官把军火仓库及工程处的负责人找来，告诉他们要在三天之内腾让，所有迁移费用，由西安行营负担。一面通知西安火车站，把运文物的列车，开到宝鸡来。

这时，梁廷炜、曾湛瑶两先生已经赶到，他们负起了收箱的工作。

我本是被派到陕西接洽贮存地点的，临行时，马院长告诉我进行的路线有二：一是到西安行营去，请他们协助找地方；二是到武功大学去，找辛树帜校长，商借学校的礼堂或教室，并给我一封于右任院长的介绍信。我到了西安，先去行营，知道他们已经代为找到了宝鸡的两个庙子，武功没有再去的必要了，我也赶到了宝鸡。

第二批文物，由故宫博物院办理事务的人员王志鸿先生押运，也开到了，我帮助他们收箱；不久，第三批文物，由吴玉璋先生押运也到了。这三批文物，把两个庙子堆得满满的。安置完毕，王志鸿先生先回南京去了，吴玉璋、梁廷炜、曾湛瑶三位先生奉派留在宝鸡，负典守之责，我与马彦祥先生随后也回到汉口。我本想在汉口稍事耽搁，就回到长沙，住到我租的那间小房去，可是到了之后，知道已被派在陕西，主持那边的事了。

在汉口耽搁了几天，我便陪同吴玉璋、梁廷炜两位先生及工友黄贵生的眷属，一同到宝鸡去。在这兵荒马乱之时，处处是难民，我陪着三位太太，一群小孩，真是费神不少，尤其是在郑州转车之时，站上人山人海，我不知道当时怎样把他们带上火车去的。

我到宝鸡，就看到马院长的电报，叫我清查箱数，把箱号造具清册报院。这是一件麻烦的事，因为这两个库房不大，箱子堆满在各室之中，没有留走道。我们就把箱子一个一个地搬出来，排放在院中，然后逐一抄号，抄完之后，仍就堆回去。查完一间屋子，再查另一间。就这样查了几天，才一一查完，经我们查对的箱数，是这样的：

甲、故宫博物院文物

古物馆文物	一七三○箱
图书馆文物	二五二箱
文献馆文物	九五八箱
秘书处文物	三七二一箱
其他	五箱

以上共计六六六四箱

乙、其他各机关文物

古物陈列所文物	五七一箱
颐和园文物	四○箱
国子监文物（石鼓）	一一箱

以上共计六二二箱

总计运存宝鸡的文物，是七千二百八十六箱。

文物存在宝鸡这段时间，得到了西安行营的不少协助，他们也时时以文物的安全为虑，屡次找我到行营去商量。那时，西安、宝鸡之间，每天对开一班客货混合列车，上午八时开车，下午五时到达（以后开了快车只需四小时），每去一次，要费两天时间用在火车上。所以这一段的站名，我背得非常熟，而且总记得，过马嵬坡时，要买牛肉，因为陕西全省不准杀牛，唯有这里例外，车站上卖牛肉的小贩颇多，生意也很好。买了牛肉带到西安赠送给行营的副官们，是非常受欢迎的礼物。

去西安行营找副官们商量事情，由大门到副官室的门口，要经过五次的问话，每过一门，要问一次，都是一样的问话：你叫什么名字？哪里来的？找谁？找他什么事？千篇一律，实在烦人。有一次，不知道我心里想什么事，走到大门，忘记向卫兵打招呼，只听得一声"敬礼"，吓了我一跳，我想：既然他们向我敬了礼，便没有再打招呼之必要。走到第二道门，我想还是冲冲看，果然是又用"敬礼"二字把我放入门内，我就这样一直冲入副官室。我把这事告诉了他们，他们告诉我，这是因为我的大衣，颜色与他们相同，而且圆的证章，背面向外，他们也看不到是什么证章，既敢硬冲，必是这里的副官之流，只有敬礼放行了。并且告诉我，以后你就这样来吧，省许多事。我心里想，这样重要军事机关，门禁是不是应当再加强呢？

几次商量的结果，还是多数赞成在宝鸡开凿山洞，贮存文物，西安行营决定采用了这个办法，我把这事报告了院中。

他们做事非常迅速，不多几天，他们把募工、勘测的事都办好了，就开始挖掘起来。工作进行很快，不久，四个大山洞已经挖好。挖好之后，他们就催着把箱子搬入。我与吴、梁两位先生去实地查看，里面非常潮湿。有一位老先生过来告诉我们说：你们开的这些洞都不能用，凡是开洞的，第一要看土的结构，如果是横土才能挖，立土不能挖，挖了之后，会一块块缩了下来，把洞里的东西埋在底下，上面却通了天；第二，我们这里的人住"窑洞"，初挖的时候，仅是一个极浅的小洞，每年向内挖一段，便可以随挖随干，你们一下子挖这么深，多潮呀！我们听了他的话更不敢搬了。催得急了，我们告诉他，不妨用一个箱子放在里面试一试，一个星期之后看看情形如何再议，我们放进一个箱子，里面装了一些报纸、旧杂志，到时去看，箱子长了毛，杂志潮得揭不开了。

这些洞还没有使用，接到命令，把文物迁运汉中，西安行营也接到同样公函。于是由我会同吴玉璋先生及行营的副官贾屏九，一同到汉中去接洽。那时，汉中区的专员是张笃伦先生，我们把来意和他说明之后，他立刻有了主意，答应把县府对面的文庙，拨归我们用，原来在那里的民众教育馆可以迁走；如果再不够用，他可以告诉褒城县长，在那里找几个祠堂使用。

我们选用了文庙，又在褒城的宗营镇选用了马家祠堂、范家祠堂和大庙作为库房。

这一段运输，虽是有些困难，但是因为有西安行营之助，一切都解决了：

第一，宝鸡到汉中，没有火车，须用汽车载运，每车只能装二十多箱，需要三百多辆车次，哪里去找这许多车？这个问题，有西安行营帮忙，便不是问题。那时陕甘军公商车，统由西安行营统制管理，他们把运文物的事，列入军运之中，问题便解决了。杨崇耀副官留在宝鸡，照料发车，贾屏九副官到汉中去照料收箱。

第二，这一段路正在修路，有的地方是砂石堆积，有的地方泥泞不堪，也由西安行营通知路局，尽量使运输畅通。

二十七（1938）二月二十二日，开始起运，第一批车由梁廷炜先生押运，就留在汉中，办理收箱工作。

这次运输，正值冬季严寒之时，秦岭上面，经常落雪，路是非常滑的，汽车开行，车轮上要挂着铁链，不然就有滑到山下的危险。每次车辆开出一批，大家总是提心吊胆，必要等到汉中电话打来，说是全部安全到达，才能放心。三月三日开出的一批，便发生了问题，当车走到秦岭上一个小村时，听说前面的路不通了，山路已经崩塌，车辆只有停在那里。村中只有一个小面馆，存货不多，价钱随时上涨，也将有无法供应的可能。办事处得到这个消息，决定要去救济，吴玉璋先生和杨崇耀副官都自告奋勇，愿意跑这一趟，可是汽车司机，没有人敢去，他们知道山中积雪已多，无法辨出路来，有翻车危险，经多方劝说，答应出大的代价，才有一位司机答应下来。大批的食物送去了，吴、杨两位先生也回来了，他们述说车行在山上的情形，余悸犹存，他们坐在司机台上，只看见车头摇摇摆摆，车身颠颠簸簸，下坡路时，屡次滑出很远，不能控制，那位司机满头大汗，真是危险极了，两位先生已是把生死置诸度外，谁知什么时候车就会翻到山涧里去呢？

三月十二日，公路局才把路面修好，继续运输，到四月十日，第末批车辆，由宝鸡开出，这一段运输才告结束，总计只有四十八天，是抗战期间，各处运输最快的一次，这完全是委员长西安行营蒋主任及各位副官大力支持的结果。

汉中是陕西省中最富之区，也是历史上有名的要地，我们觉得这个地方倒是贮存文物的好地方。

可是，我们刚刚安定下来，命令又来了：所有文物运到四川成都贮存。马院长也来信，告诉我，他即日动身到成都，接洽贮存地点，叫我也马上赶到成都来，面商一切。我遵命到成都时，马院长与徐馆长鸿宝都在成都，他们已经得到四川省政府的帮助，选定东门大慈寺为贮存之地，并由重庆调来牛德明先生，留在成都，办理修理库房的事，将来就留他在成都做收箱工作。我也知道了这次运输的车辆，是由四川公路局及新绥公司担任，我在成都要解决的事，有：

一、院中与汽车公司订的合约，是要支付回程空车的费用，这是太不经济的事，我们知道西北一带缺少盐，如果能接洽四川盐务局运盐到汉中，岂不是一举两得？这件事的接洽，徐鸿宝馆长出力最多，终于成功了。

二、院中与汽车公司商定，四川公路局派车五辆，由汉中运文物到宁羌，新绥公司由宁羌接运到成都。这牵涉到两个问题，第一，四川公路局的车辆，能不能在陕西境内营运？当经决定函请交通部令饬公路局转饬陕西公路局，所有运输文物车辆，准许开到汉中装车。第二，这种接运办法是否适当？经院长解释，当时所以有此规定，是新绥公司的要求，因为他们的车是在四川公路局领照，照章不能越境到汉中去，现在既已有函致交通部，中途换车之举自然可免了。

汉中到成都，是五百六十五公里，途中有五个渡口，没有桥梁，是用木船载汽车渡河，汽车上船之后，用人力把木船向上流拉一段路程之后，然后放了绳索，使木船顺流而下，借水势拢到对岸，危险费时。河不太宽，当时为什么不修桥呢？我计算行程，由汉中开成都，需时两天。这是我的如意算盘。

我回到汉中不久，四川公路局的五辆车开来了。二十七年（1938）五月二十六日，川陕段运输的第一批车由汉中开出了。这日期距文物全部运到汉中，只有一个半月。

没有西安行营的协助，这段运输，便发生了不少的困难：

一、四川公路局在与本院订约时，是供给汽车十辆，事实上只有开始时拨出五辆，渐渐减为两辆，到后来就完全派不出车来。新绥公司方面，车辆很少，管理不善，两天的路程，要走十天半月，每到一个地方，就停下来，说是修车，倘遇雨天，就借口路滑，更不走了。他们对司机采用按月发薪的办法，走也拿钱，不走也拿钱，谁肯卖力气？于是影响了我们的运输。

二、川陕公路，路基不好，桥梁不好，一遇大雨，不是路断，便是桥断，也影响了运输。

三、汽油缺乏，时常是有车无油，不能开行。

这一段运输，进行得缓慢极了。有一天，我在汉中接到马院长电报，叫我去广元，找管军车的人洽商，我奉命去了。这位先生很客气，答应替我们运广元到成都的一段。不过，他很率直地说，军车由广元到成都，是放空车，司机搭些私货，赚些小钱是事实，将来运了文物，便无私货可搭，进行上未必顺利，你们可不可以把付商车的钱拿出来，分一半给他们及在广元的经办人，另一半由你们自己支配，这样，国家并未增加支出，我们的事就好办了。我当时不敢决定，答应他考虑一下，再写信告诉他。我同到汉中，想来想去，这个办法不妥，我没有回信给他，却把这事原原本本写信告诉了院长，请他裁酌。这事便没有下文了。后来听说，马院长在一次宴会之后，酒吃多了，又原原本本告诉了军事委员会的人，结果使广元的这位先生受到了处分，我倒感觉十分对不起那位先生，不肯做就不做，何必像告状一样，把这事揭穿了呢？那时真是年轻。

在抗战中，车、油都缺乏，这几千箱的运输，靠商车是没有办法的，终于是利用了军车，这些机关，除了重庆行营交通处曾拨过六辆车，是完全不收费外，其余的还是收了费用：

一、天水行营交通处　收油费及司机津贴，他们装运了从汉中到广元计四十七车。

二、川陕公路交通指挥部　收费与天水行营交通处一样，装运了广元至成都计四十四车。

三、后方勤务部　每车收费一百元，共装由汉中至成都四十二车。

四、军车管理处　代雇商车五辆，由汉中至成都，每车价五百元。

经各方努力设法，存在汉中的文物，到二十八年（1939）三月，总算运完了，还要设法续运襄城所存文物。

马院长与李理事济，受理事会委托，视察这一路的运输情形，我陪着他们。我觉得请他们看看最好，他们实地看看，就会了解到困难情形。

　　我替他们雇了一辆小轿车，刚离开成都时，路较平坦，两位先生很高兴，背诵起《长恨歌》来，一过绵阳，道路泥泞，他们便时以翻车为虑，车到梓潼，司机已不敢再开，两位先生也觉得太危险。适巧那里有运文物的回程车，我就主张改乘大车，请他们各坐一辆车的司机台，比较安全。这一路他们可受苦了。论到吃，一进饭铺，桌子上落满了苍蝇，黑黑一片，我的办法，只有请他们吃"烘蛋""萝卜汤"与米饭，这都不会有苍蝇落过；论到住，我在成都虽然替他们买了两份铺盖，旅馆里的蚊虫、臭虫是没办法的。而且大小便都要到猪圈里去，臭气熏人，他们也不习惯。好容易到了广元，知道前面的桥断了，无法前进。

　　几天之后，便桥修好了，只能通小车，或大车的空车，我们坐的回程车，满载货物，仍不能走。我打电话到汉中，问那里有没有空车，第二天开来了一辆，我们坐了这辆空车，到达了汉中，第二天去视察褒城的仓库。

　　这时，马院长接到了电报，重庆被轰炸了，请他赶快回去，两位先生很着急，我们赶快装了三车文物，由我们三人各乘一辆，幸好广元的桥已修好，走了三天，到达成都。

　　马院长回院，看到行政院命令，是存在重庆文物，限三星期内，运离重庆四十里以外，存成都文物，限二十八年（1939）五月底以前，全部运离成都。马院长接到命令，马上带了几位同事，去找贮存地点，对于存成都文物的处理办法是："文物决定运存峨眉的大佛寺及武庙，限在五月底以前运完，交由驻蓉办事处主任那志良负责办理。并派科员牛德明先到峨眉，作筹备工作。"

　　我们得到这个命令之后，认为时间短促，在成都、峨眉之间，非有一个转运站不可，我就沿着这个路线，到各县城去寻找，结果在彭山县城找到了一个学校、一个庙子作为临时储存所，我们就开始抢运了。这时驻蓉办事处所辖的运输工作，路线拉得太长，北起汉中、褒城，南至峨眉，有六个办事地点，把六位职员分配到每处一个人，是：

襄城	梁廷炜	广元	曾湛瑶
成都	吴玉璋	汉中	薛希伦
彭山	郑世文	峨眉	牛德明

另外还有五人，专做押车工作，是吴凤培、刘承琮、马惠琛、牛德善、华友鹤。

这次运输的车辆，是由中国联运社供给，他们有新购的新车十几辆，派来装运，速度甚快，没有到五月底，已全部抢运到彭山。存在陕西的文物，直接运到峨眉。到民国二十八年（1939）七月十一日全部运抵峨眉，分别存在县城东门外大佛寺，及西门外的武庙。

大佛寺是峨眉的名胜之一，有一座大铜佛，高丈余，旅行到峨眉的，未上山之前，多先去看看大佛，我们在县城东关外，修了一条路，直接通到寺的背后，就在这里开了一个大门，使汽车出入。

武庙本是关帝庙，里面已无佛像，变成贫民的住所，我们发给他们搬迁费，请他们让出来，大加修理，贮存文物。

七千多箱文物，从此在"天下秀"的峨眉住了下来，一直到抗战胜利。

文物在峨眉安顿之后，大家谈起往事，也颇有趣。首先自然谈到了空袭的问题。

我们庆幸当时在宝鸡，幸亏赶快搬走，若是真的把文物迁入，早已被埋在山下。这些山洞，后来西安行营用做军火库，在一次空袭中，多被震得塌落了。梁廷炜先生说起他在汉中时的遭遇，有些余悸犹存的样子。那时，汉中的文物刚刚运完，梁廷炜先生正留在汉中，办理结束事宜，空袭警报来了，他与新绥公司的办事人阎淳朴商量，赶快出城，到城外种菜籽的田里去躲避，两人急急出门，疾步往北门走，没有走到北门，紧急警报来了，他们只好找一个小桥下躲避起来，就听到城外有炮声，有机关枪声，吓得他们心惊胆怕。警报过后，他们出来，在路上听人说，城外菜籽地里，死了不少人，原来敌机来时，先在天空向菜籽地里丢下几块石头，大家以为炸弹，哄然争着向外跑，敌机俯冲下来，低飞扫射，因此死了许多人。他们起先是后悔不该迟迟走出，以致没有赶到城外，现在却又庆幸自己出来得迟，没有罹难了。

薛希伦女士想起在成都"跑警报"的事，不觉呵呵大笑。人家问她有什么好笑，她说："有一次在成都，警报来了，我与梁先生和那先生三个人，一同出东门去藏躲，我们也不认识路，随着人群走进了一个巷子，这巷子好似漏斗形，愈走愈狭，堵塞得无法前进，适巧右手边有一个大菜园，只有四五尺高的短土墙，许多人都跳进园内，由菜园前门出去了。我们也只好跳，我与那先生跳过之后，回头看着梁先生，他不但也跳过来，而且很利落。到休息的时候，我问梁先生，你平时走路，都有老态，刚才是哪里来的一股劲儿，跳过了土墙？没等梁先生答话，那先生就抢着说：'这就是所谓狗急了跳墙。'"说得大家都笑了起来，我与梁先生经常彼此说笑话，现在，他已故去，哪里去找这样一个朋友？

随后谈到了翻车的事，大家的经验，虽有几个人坐的车，曾经翻过，都是回程的空车。我就有过一次，走到宁羌，天已黑了，雨下得很大，前面一辆车抛了锚，我们的车也过不去，只好停下来等。到前面的车修好开走后，我们的车刚一行驶，便滑入稻田，车向左边倒下去，司机台里面，司机在最下，我在中间，司机副手在上面，倒在田里，我们爬出之后，都是一身的泥，大家还庆幸说：幸亏这是平地，若是在山上，大家没命了。

装运古物的车，也曾翻过一次，新绥公司的一辆车，装着文物，经过绵阳附近的一个桥，这是一个简单的便桥，司机不慎，车翻了下去。押运员打电报报告，那时，恰好我在成都，便赶到现场去看，才知有三件事是不幸中之大幸：

一、便桥搭得不高，车只是翻下来，震动不大，箱子未坏。

二、冬季河水甚少，翻车的地方没有水。

三、满车装的是文献馆的档案，及图书馆的书籍，不怕震动。

有人说，文物是有灵的，炸弹炸不到它，每次都在文物运走之后，那个地方被炸；现在翻了车，也毁不到它。

故宫文物疏散后方（二）

故宫博物院存在南京文物，有一万多箱，加上其他机关的寄存，总计是一万几千多箱，想在匆忙之中，扫数抢运出去，事实上是不可能的。那时的打算，是多抢出一箱是一箱，多多益善，而且抢运之时，也没有想到先抢运本院的，然后再搬那些无人来管的寄存文物，反正都是国家的国宝，由着工人去搬吧！于是古物陈列所占了便宜，因为他们的箱子，既小且轻，谁不找轻的搬？像故宫博物院文献馆的箱子，每箱都是满满的档案，既大且重，它们是得不到优先起运的权利。

我们已经谈过，文物已然有两批向后方去疏运，一批是运到汉口，转长沙、贵阳，而存在贵州的安顺；一批是运到陕西的宝鸡，经汉中、广元、成都，而存在四川的峨眉。现在我们要谈的是沿长江而上，经汉口、宜昌、重庆、宜宾，而存在四川乐山的一批文物。

从南京运到汉口的第一批文物，运出之后，马院长也到了汉口，他认为凭故宫博物院的力量，是没有办法再继续抢运了，他向行政院去请示，行政院待理之事甚多，谁也不能给他一个确切的答复，他只好留下一部分职员，在南京看家，一部分随着他到汉口去，与古物同度流亡的生活了。不想，最高当局，对这事非常注意，下令紧急疏散。巨人登高一呼，万方响应，帮忙抢运的人可就多了。那些人的大名，上段中已然说过，这里无庸再叙，经这些人的努力，文物又抢出不少。沿铁路线运到宝鸡的就有三列车之多，经水路运到汉口的更多。

水路运输，应当比陆路容易，一条船的容量，要比一列火车为多，可是，火车是我们国家自己的运输工具，谈到是抢运国宝，即或没有上方命令，大家也会乐于帮忙；水运便不同了，我们自己的船只，为了军用繁忙，是调不出船来，雇用外国船只，那些洋人们真是胆小如鼠，他们首先问你："替你们装运国家物资，日本人知道，派飞机来炸我们的船怎么办？"若是你告诉他这是我们的国宝，那更糟了，他会说："现在我们收你一点点运费，把国宝运走，将来日本人知道了，问我们要，我们拿什么还给他？不找麻烦！"这事只有找与洋人有来往的人去疏通了。

接洽船只的事，就落到杭立武先生的身上了，杭先生给了他们不少的保证，他们才肯装，杭先生告诉我说："第二条船装好之后，他们不叫我下船，一直到船开出一段距离之后，才用小船把我送到岸上来。"我说："我明白他们的用意。万一日机来炸，他们会被炸死，请您来做殉葬的。"

船的舱口比较小，凡是比较小的箱，多运到码头上来装船，大箱就运到火车站去装火车了。第一条船装好，由李光第先生押运走了，第二条船由牛德明先生押运走了。这时，南京的情形，已是非常危险，没有办法再行起运，抢运工作，遂告停止。

由水路运到汉口，先后共是三批，总计箱数如下：

甲、故宫博物院文物四〇五五箱。计：

古物馆文物　　　　　　　　　　　　　　六八七箱

图书馆文物	一一五八箱
文献馆文物	一〇八二箱
秘书处文物	一一二八箱

乙、其他各机关寄存文物五三一四箱。计：

| 古物陈列所文物 | 四七三二箱 |
| 颐和园文物 | 五八二箱 |

总计由水路运到汉口的文物，共是九千三百六十九箱。均暂存租用的仓库中。

文物存在汉口，不是久远之计，而且，汉口也有了警报，势非再向上迁移不可，目的地是四川。

从汉口入川，必须先把文物运到宜昌，宜昌以上，要等夏季水涨，才能行驶较大的轮船。为了躲避空袭，也只有先运到宜昌，再做计较。二十七年（1938）一月文物作再度溯江而上的计划，三月间便到了宜昌。

宜昌等于是一个转运站，夏天水涨，马上继续前进，运输上比西北的陆路运输是方便多了，一条船至少装一、二千箱，而西北的陆路运输，是用汽车运，每车只装二十余箱，比例上悬殊太大了。到秋天时，全部运到了重庆。就在重庆设立了故宫博物院的总办事处，院长也在这里办公。

二十八年（1939）春天，马院长会同李理事济，去成都转赴陕西，视察川陕运输情形，刚到了汉中，就接到重庆来电，告诉他重庆被炸了，请他赶快回去。那时，西北的交通，非常不便，幸好新绥公司有三辆车刚刚修好，准备装车赴成都，于是连夜装车，第二天清早开出，马院长、李理事和我，各坐在一辆车的司机台上。我把两辆比较干净的车让他们坐，不想走了不远路，车子在襄城之外等着过河时，马院长走过来想和我换车，我告诉他现在所坐的一辆，车子新，坐起来舒服一些，他说："可是它的编号是第十三号呀。"我才知道老先生原来也信这个洋迷信。

到了成都，他们赶快乘成渝公路的班车，回重庆去了。到了重庆，便接到行政院的命令，所有存渝文物，限三星期之内，即五月二十三日以前，扫数运离重庆四十里以外，然后觅地存贮。存成都文物，也限在五月底以前运离成都。

马院长接到命令，就携同几位职员，到西部各县，寻找贮存地点。

存成都的文物，贮存地点，比较容易，从成都到峨眉，有公路可通，而峨眉的庙宇极多，首先被选定了，留牛德明先生在那里整修库房，筹备一切。

存重庆的文物，选定了乐山，这里的水路，直达重庆，将来仍可装船向上运，乐山城内，没有大的处所可用，而且为了一劳永逸，还是往乡下找地方，为了运输，又不能距离乐山太远。后来经人介绍到安谷乡去找祠堂，得到当地人士的协助，找到了七个祠宇，做为库房。留欧阳科长道达在那里筹备一切。

马院长回到重庆，招集同仁商议，发生了几个问题：第一，从重庆上行的轮船，比较大的，只能到宜宾，宜宾以上到乐山这一段，要在五月底到八月底这一段期间，才能行驶轮船，其他的时间，只有木船行驶。第二，政府规定的期限，是从五月初到二十三日，事实上只有二十天，如何能把这九千多箱抢运出去？

最后决定了，必须在重庆与乐山之间，设一转运站，先如期抢运到转运站，再继续向上运。转运站的地点，自然以宜宾为最适当了。于是马上派人去租临时库房，并派刘官谔先生去到宜宾，准备一切。然后与中国联运社订约，负责文物运到乐山的工作。

船的接洽事宜，虽规定由联运社负责，博物院本身，也在积极推动，一得到有船派来，大家便非常欢喜。有一天，听说有一条大船可装，同仁急于知道能够运出多少箱，同事朱学侃先生便自告奋勇，想去看看，他带了一名熟练的工友，凭他们的经验，可以估计出可装的箱数。到了船上，一片漆黑，什么也看不见，朱先生叫工友回去取电筒，他便信步在舱面散步，不知船面上的舱口，没有盖上盖子，他便失足由舱口跌入舱里，登时跌伤身故。这是故宫同仁永远忘不了的一件惨事。

五月二十三日以前，故宫博物院同仁，如期把存渝文物，全数运离了重庆，存入宜宾的仓库里。

宜宾到乐山这一段运输，是水路运输中比较困难的一段，因为这一段的水路，能驶轮船的时间，只有每年的六、七、八等三个月，如果到九月初还没有运完，只有等待明年再运了；而中国联运社配在这里的工作人员，工作态度并不积极，眼看着一条一条的船开来了，又开走了，都没有装运文物。

七月中旬，我把陕西到峨眉这一段运输工作办完，就被派到宜宾，协助办理转运的工作。

我刚到宜宾之时，一位老工友告诉我说："刘官谔先生真是大大的好人，受他们的欺侮。联运社那些人就是不听他的话，不去催船；服务团派来的帮忙人员，今天也闹着要回重庆，明天也闹着要回重庆，每闹一次，他就请一回客，这不是欺侮人家吗？"

过了几天，接到院长八月十七日来信，调刘官谔先生去乐山，协助欧阳科长办理收箱诸事，宜宾的事，交我负责。命令不敢不遵，可是这里的问题太多：

一、最重要的一件事是长江水位，到九月间就无法行驶轮船，现在已然过了八月半，最多只有一个月的时间，而这里还有数千箱未运。

二、这里时常有警报，箱子都放在城内，万一敌人照轰炸泸州办法，在城内丢许多燃烧弹，全城起火，如何施救？

三、派来的服务团团员不能合作，动辄要求回渝。

四、中国联运社与民生轮船公司毫不负责。

我接事之后，只好把中国联运社与民生轮船公司的负责人找来，共商办法，他们说得很漂亮，他们认为把文物早早运离危险之地，不但是他们的责任，也是一个中国国民的义务，他们认为在九月十五日以前，船只行驶，并无问题，最后他说："如果你不放心的话，我们在八月底以前扫数运完。"我除了表示对他们的热心帮忙表示谢意，并要求他们写一份协议书，一式四份，载明运完期限，由三方面在场人员签名盖章，并加盖办事处印信，我好呈报上级。他们也同意了，这四份协议书，由三方各执一份，另一份由我呈报院长。

这时有一部分服务团团员又吵着要回重庆，我想，押运一条船，只用一个人，现在还有五位团员，并没有要求走，人已够用，留这许多人做什么？于是同意了他们。临去之时，一位团员和我说："希望你能平平安安地，如期把这批古物运出去。"言外之意，是这批文物，你是无法运走了。我只笑了笑说："但愿如此。"

自协议书订立之后，他们也派了几只船载运，这种船是专行驶长江上游的，每船只能装二三百箱，到八月三十日那一天，不过运走一千多箱，还有大批箱件未运。我真是无法可想。

我把中国联运社的负责人叫来，叫他转告民生公司，依照协议书的规定，是在八月三十日运完，现在并未运完。我奉到上级命令，到期如运不完，派兵封船，装运文物。现在我不能不执行这个命令了。请你转告民生公司吧！

民生公司负责人听到这个消息，他可慌了，马上与中国联运社的负责人跑来找我，我告诉他们，我没有那样大胆子不遵命令，你们要不叫我封船，赶快到军事委员会去设法，他们再三恳求，决定每到船三只，派两只装文物，一只疏散旅客，我同意了，后来有一位同事问我，何不坚持所有的船都装文物？我说："你没有看到那许多人候船赴渝？如果条条船都装了文物，民生公司一鼓动他们，那么，我便有挨揍的可能了。"

从这天起，几乎天天装船，到了九月十日，只剩两百多箱，准备在十一日装长虹轮，就可以结束了。长虹轮到，船长说：上游的水，已是很浅，若是勉强开赴乐山，能否回航，确是问题，他不敢再开。临时商定，等明日民选轮到后再装。第二天民选轮开到，把所有文物运上了船，我也随船到乐山去。行前得到院长一函，叫我把事情办完后就回峨眉去。我也打了电报去，报告宜宾办事处已经结束了。

民选轮开到距乐山数里外的观音场停下来，许多小木船停在那里等候接运，舱门开后，一只一只的箱件运上木船。木船由观音场到安谷乡，都是逆水行舟，靠工人用纤绳拉曳，相当费力。我也想坐一坐小船，就便到安谷乡看看。安谷乡中的几个祠堂，每个相隔，都有一段距离，有时还要走田埂，交通并不便利，祠堂里的房屋，尽量容纳箱件，只留一间小房，供职员与工友合住，另外一间较大的屋子，给守护士兵住，真是克难的设计。地方狭小，也是没有办法的，比起峨眉办事处的宽敞，是不如的。

下午，我和梁廷炜先生一同乘人力车到乐山去。晚间由欧阳道达科长招待晚餐，吃饭的时候，我听了不少事，例如：

一、轮船由宜宾开到乐山，卸船的地点，视水的大小而定，水大时，可以开到县城外面卸下轮船，装入木船；水小时便要在观音场起卸，有一次，水大，是在县城外面卸的，卸时一切平安，装到第末一只木船后，在那里工作的人，也都上了这只船，同回安谷。工人正拉着纤绳向前拉曳的时候，纤绳断了，船被逆流冲向后方急驰，掌舵的人也掌不住舵了，船顺流而下，急驰如飞，大家知道，如果这只船，被冲到岷江与府河相交处的大佛脚下，便会把船撞沉，这里，每年都有沉船的纪录。吓得大家大喊救命。船在江心跑，岸上的人怎样去救命呢？有人说，古物是有灵的，船漂流一段路程之后，它竟斜向岸边冲去，遇到沙滩，船就停了下来，大家得救了。梁廷炜先生就在这个船上，他述说这个故事，还有余悸犹存的样子。

二、正在文物运输的时候，乐山被轰炸了，紧急警报发出之后，欧阳科长正在乐山城内的故宫博物院临时办事处，工友们劝他到防空洞去躲避，他不听，认为敌机未必来，何必先去受闷气？到了飞机临空，他无处可躲，进得屋去，钻到方桌下面，蹲到那里。他听到外面的炸弹声，机枪声，真是不寒而栗。等到飞机过去，从桌下爬出来时，已是满头满身的灰尘，原来在办事处前面不远的马路上，落下一颗炸弹，把地面炸得一个大洞，尘土飞扬，欧阳先生虽在桌下，也免不了弄一身尘土了。那一次的轰炸，飞机是从南向北飞，刚接近岷江，它们就开始"下蛋"，大部的炸弹都落到江里去了，城内损失反而不大。可是，江里的鱼，炸死不少，正所谓"殃及池鱼"了。

他们讲完乐山被炸的事，我也讲了一段成都首次被炸的事。那时，是成都的文物刚刚运完，我到峨眉去办了些事，又回到成都来，到了南门，听说已经发了警报，司机问我要不要进城去，我认为敌机不会来，孰知刚进入大慈寺，紧急警报发出来了，我们仍是若无其事地在院中谈天。忽然一位老僧指着远远的天空嚷着说："敌机一大群来了！"我抬头一看，果然有一大群飞机，由北而来。老和尚告诉大家，快进防空洞，我与同事刘承琮进了一个防空洞，那个洞真是"蒙神哄鬼"的事，挖了一个坑，里面又挖成一个土台，供人坐下，洞上盖一些竹枝花叶而已。我们坐在里面，听到外面有砰砰之声，我们说："这不是炸弹，像是我方的高射炮。"过了一会儿，我们从洞里爬出来，看到西面一片通红，是着了大火的样子，我们出去看看究竟，走了不远，就看到抬往医院去的受伤人，一个担架之后，又是一个担架，呻吟之声，令人听着感到非常难过。第二天再到现场一看，城中心区的春熙路一带，被炸得净光。

我在乐山停留两天，就回到了峨眉。

上面我们把文物向后方疏散的简单情形，简略地说了。现在我们要替他算一算总账，与南迁箱数核对一下，这些东西是怎样分存的。

安顺的八十箱，是由各箱内提取重要之件，另行装的箱，箱数不能计算在内，我们只算乐山、峨眉两办事处所保管的箱件，与陷京未运出的箱件，就可以了。

为了容易看，我们还是列一张表：

机关	故宫博物院				古物陈列所	颐和园	国子监	总计
箱件编字	沪	上	寓	公	所	颐	国	
南迁箱数	二六三一	一四一五	三七六六	五六七二	五四一五	六四〇	一一	一九五五〇
疏散乐山	六八七	一一五八	一〇八二	一一二八	四七三二	五八二		九三六九
疏散峨眉	一七三〇	二五二	九五六	三七二二	五七一	四〇	一一	七二八一
陷京箱数	二一四	一五	一七二八	八二三	一一二	一八		二九〇〇

照上表所列，故宫博物院文物，南迁总数是一万三千四百八十四箱，陷京未运出的是二千七百七十箱，陷京数约为南迁数的百分之二十；代古物陈列所抢运了五千三百零三箱，陷京数为一百一十二箱，陷京文物只有南迁数的百分之三；颐和园南迁数为六百四十箱，陷京数只有十八箱，也相当于百分之三；而国子监文物，则全部运出。可知故宫同仁的抢运，并没有注意到哪些是自己的，哪些是寄存的。也有人说：那是因为工人抢着轻箱运的结果。这话固然不错，但是，当时发箱的人，如果指定他们先抢运故宫的箱件，工人能去搬寄存箱件吗？

此外，安徽图书馆存在库里的二十八箱，中央图书馆存在库里的善本书二箱，也代为运出，分别在榆蓉两地移交原机关接收。

三处的箱件，分别安置好了之后，院中体制，旧时的已不适用，非实行战时临时体制不可。政府首都既然设在重庆，故宫博物院的总办事处，自然要设在重庆，便于接洽公务。院长及总务部门的人也都留在重庆。三个贮存文物的地点，分设三个办事处，职员分配如下：

安顺办事处

庄尚严（主任）　朱家济　李光第　郑世文

乐山办事处

欧阳道达（主任）　刘官谔　梁廷炜　欧阳南华　曾湛瑶

峨眉办事处

那志良（主任）　吴玉璋　薛希伦

各处刚刚安定下来，乐山办事处却发生了一件不幸的事，那便是刘官谔先生的自杀。

前面我们也提到过，他是一位老实人。北平沦陷时，他仍在北平的院里工作。一天，他乘人力车回家，经过景山背后，遇到日本宪兵检查，在车厢里发现了一枝枪，于是与车夫一同带到宪兵的驻守所。这车夫竭力为刘先生洗刷，承认枪是自己的，乘车人并不知情，可是他仍被押起来，自己虽未受刑，看到同胞们被日本宪兵非刑拷打，心里非常难过。后来由院中把他保出，不愿留在北平，便到后方来了。

有一天，在半夜，他忽然自己用刀剖腹，幸好是职员工友共住一室，听到声音连忙阻止，并托卫兵把欧阳主任找来，连夜送到医院，他的神智已是有些不清楚，病情稍好，就与医院院长发生争执，最后他在看守人不注意的时候，跑出医院跳河自杀了。

事后，河北同乡们检查他的遗物，在日记中发现有对欧阳主任不满的话，也有梁廷炜先生帮着欧阳主任欺侮他的话；又有一段记载，是说不见了三百元，可能是丁洁平、欧阳南华，或那志良借去了，但他们三人都不承认。河北同乡们认为刘先生之死，与欧阳主任欺侮他有关，便向法院告了一状，凶手是欧阳道达，帮凶是梁廷炜，疑凶是丁洁平、欧阳南华、那志良。但是证据不足，后来也不了了之。可是同仁们对于这样一位忠实的学者，如此惨死，莫不寄予莫大的哀悼。

战时的文物保管，简述如下：

一、防火　防火列为保管方面最重要的事，库房内外不准吸烟，大家已习惯下来。在运输期间以及现在三处的仓库，都是不与民房相连，还要注意附近有没有危险物的贮存。三处都购有消防设备。

二、防潮　乐山办事处仍采用南京库房办法，用横竖的木条，钉成屉子，上面放箱；峨眉办事处没有采用南京库房的方法，把木墩做成"凹"字形，缺口向上，把它摆成一行，上面架上木杠，优点是：通风的情形好，便于堆箱，而且长短可以配合需要，锯成适用的长度。此外，检查白蚁，也方便得多。

三、防盗　每个办事处，都由军事机关派兵一连守护，防盗不是问题。

四、索引　乐山、峨眉两办事处所保管的箱件，都是几千箱，为了查找方便，索引是必需的。我们把箱件都堆成一列一列的，两列靠拢起来，中间留走路。每一列箱件是由许多"垛"积成功的，我们把"垛"叫做"行"，由外面向里数，分别为第一行、第二行……每行的最下一箱，叫做第一箱，第二个叫第二箱……就根据这"列""行""个"，记入索引。如果你想提那一号的箱件，只需在索引簿中，查看它是在第几库、第几列、第几行、第几个，到那里立刻可以找到。所以马院长、李理事到西北视察时，曾抽查了几箱，他们把箱件号数说出，不到五分钟，箱件已提到了。

五、编目　文物运到南京时，古物馆同人就主张把书画箱开箱上架，分类忙存，马院长认为时局并不稳定，主张以箱分类，暂不上架。这些人立刻把书画由箱里提出，从事分类，这时，疏散的命令来了，无法照原箱装回去，只好随便分装在各箱之中，就这样运到了后方，箱内文物是与清册不合的。这批箱件，都在乐山办事处，他们只好按箱重行编目，并与原清册作核对工作。费了许多时候，才把这事办完。

六、库房变动　首先谈安顺办事处。三十三年（1944）冬，日军进犯贵州，独山陷落，贵阳危急。安顺的地位，与独山、贵阳成三角之势，由安顺到重庆，必须经过贵阳，如果贵阳失陷，安顺与重庆的联络，便被割断了。故宫博物院总办事处与军事委员会交涉，派车把这批文物抢运入川，并电安顺办事处速做准备。所以军车开到之后，在三小时之内，把所有文物、公物，以及私人什物，一齐装上了车，迅速离开安顺，车过贵阳，也不停歇，一直到渡过乌江，驶抵遵义，大家才安下心来。这时，重庆的总办事处，已然派员在四川巴县的石油沟，找到一个地方，名叫飞仙岩，风景优美，地方隐蔽，租了房子做为库房。于是取消了"安顺办事处"，成立"巴县办事处"。

乐山办事处原有七个库房，是宋氏祠堂、三氏祠堂、赵氏祠堂、易氏祠堂、陈氏祠堂、梁氏祠堂和古佛寺。三十一年（1942）春，把古佛寺所存文物，并入其他库房里面去，减少了一个库房。

峨眉办事处原有两个库房，一个在峨眉县城东门外的大佛寺，一个是西门外武庙。三十一年（1942）春，奉令再度疏散，在南门外约四公里的山边，选用了一个"土主祠"，这个小庙是峨眉金顶的脚庙。峨眉的和尚，夏天上山避暑，并招待游客，冬天便到山下的脚庙来避寒。金顶在山下有两个脚庙，所以答应让出一个来。另外一个是许氏祠堂，距土主祠甚近。这两个库房修好后，把大佛寺里所存文物通通运到这里来了。武庙所存，仍保持原状。

七、人事变动　在抗战数年中，三个办事处的人事也有了变动：

安顺办事处　李光第、朱家济、郑世文三先生，先后离职，到接近胜利之时，职员是：庄尚严、刘奉璋、黄居祥、申若侠。

乐山办事处　刘官谔、李鸿文两先生先后去世，曾湛瑶、牛德明先后辞职，到接近胜利时，职员有：欧阳道达、梁廷炜、欧阳南华、张德恒、孙家耕、常维钧、李怀瑶等。

峨眉办事处　三十一年（1942）增加库房时，院中派梁匡忠来驻守新库，其后薛希伦辞职赴陕，由吴凤培继任，接近胜利时，职员有：那志良、吴玉璋、梁匡忠、吴凤培等。

八、文物展览　在抗战期间，举行过三次展览：

1. 民国二十九年（1940）春，选提文物一百余件，运到苏联去展览，由故宫博物院派励乃骥、傅振伦二位先生随同前往，负保管及展览之责。展览完毕，仍运送回国。

2. 民国三十二年（1943）十二月，在重庆举行一次书画展览，法书起自王右军，至于元、明；名画从唐朝起，到清为止；画类包括山水、花鸟、人物，各代名家，网罗甚多。展览地点在中央图书馆，共有三个陈列室。

3. 民国三十三年（1944）四月，在贵州省立艺术馆举行书画展览一次，品目虽与重庆展览不尽相同，选提的标准是一样的。

最后，我要把峨眉大火简述一下。

民国三十二年（1943）春，峨眉县发生了大火，城内除西北角上有三五人家未被波及，其余的，包括县政府、银行、邮电局等，完全烧光。火是起于一家鸦片烟馆，瘾君子把烟蒂丢在草垫上，引起火来，旁边正是一家油坊，立时大火起来，那时，我正在西门外武庙的库房里，听到消息，马上找驻守兵士去救火，大家商量，峨眉没有自来水，水枪无用，唯一的办法是拆火道。商议既定，马上派了二三十人赶了去，可是大家都不肯让我们拆房，只好回来，眼看火势愈来愈大，向西门方面烧来，我想，如果烧出城来，武庙也颇危险，马上把保长找来，告诉他，我要把西门外的草房一律拆掉，如果火不烧出西门，所有被拆房子，故宫博物院负责赔偿，如果烧出城来，我就不负责任了。命令驻守士兵，马上强迫拆除，拆完不久，火已冲出西门，西门外的草房既被拆去，瓦房不多，火也就大不起来了，一直到天黑，大火才完全熄灭。这次幸而是东门外大佛寺的东西，已经移走，否则两面担心，那才急死人呢。

故宫文物的复员

故宫文物，像逃难一样，往后方疏散，分别存在四川的乐山、峨眉，及贵州的安顺，总算是安定了一个时期。

　　安顺办事处的主任庄尚严先生，是对于书画的鉴赏，很有心得的人，处里的原有同仁，先后离去之后，他自己物色了两位职员，一位是刘奉璋先生，一位是黄居祥先生，刘先生画国画、黄先生画写生画，专画苗族人物。他们每天谈书论画，庄先生的几位公子，也是对于绘画有兴趣的，这个办事处的艺术气氛非常浓。

　　乐山办事处主任欧阳道达先生，在清室善后委员会时期，已然是负责"田园房产清理处"的工作，做事认真，同事有点怕他，替他起个绰号叫"歪嘴儿"，他的嘴一歪，官话来了。可是无人不佩服他的处事精神，把事情处理得井井有条。

　　峨眉办事处距乐山办事处不远，只有几十公里的距离。那时我只有二十多岁，凡事不能不向这位长者请教，我不时到乐山去。两处距离虽近，交通只靠滑竿，后来乐西公路修好，才有人力车可坐。雇妥了滑竿，先要付他一部分钱去吸鸦片烟，烟瘾过足，他们才精神抖擞，抬起来行步如飞。走到半途，他们叫你下来到茶铺子去休息，他们又过瘾去了。这样慢慢地走，上午八时雇妥之后，下午六时左右才能到达乐山的安谷乡。

有人说，你雇滑竿之时，何不先问问他们是不是吸鸦片烟，找那不吸的雇。我说：我哪里去找？所有峨眉县城的滑竿夫没有一个不吸的。有一次，我正坐在茶馆子等他们去过瘾，三位禁烟委员来了，他们是到峨边去调查种烟的事，由县政府派人替他们找来三乘滑竿，我看到他们向委员们要钱去过瘾，起初，委员们理直气壮地说："我们是禁烟的，怎能拿出钱来叫你们去吸烟？"最后还不是掏出钱来，屈服了！否则只有自己走到峨边去。

四川文风颇盛，人人说出话来，都是文雅得很，滑竿夫也不例外，比如说，正走的时候，前面的滑竿夫看到了一江水，他要通知后面一个，他不说地上有水，而说"天上亮光光"，后面的便知道地上有水了，便回答一句"地下水汪汪"表示他已经听到了。

在峨眉这一段时间，除了大家的经济感觉到拮据之外，精神方面倒是相当好。友人黄文弼先生在办事处中存有书籍数箱，许多是有关考古的，是我们的精神食粮。

有一天，峨眉电报局局长派人送来一信，告诉我们日本无条件投降了，八年苦战，我们终于赢得最后胜利，是多么令人兴奋的好消息！我的孩子们，立刻写海报，到处去贴，有的人半信半疑，以为这几个孩子是发了疯！等到证实了这是确实消息时，莫不喜形于色。

故宫文物，也要回去了，我们整天盼望院里的指示，马院长的信来了，告诉我们几件事：

一、故宫博物院的院址，要扩大到整个紫禁城，也就是说，把以前的古物陈列所及历史博物馆的地址，统统划归故宫博物院。

二、古物陈列所原保管文物，凡南迁的，移交中央博物院，留平未运的，移交故宫博物院。

三、疏散到后方的文物，不再运回南京，将直接运回北平，国子监、颐和园文物也随同运平，古物陈列所箱件则直接运到南京。

四、各机关都在忙于复员，船只供应，发生困难，我们不急于起运，等到各机关复员完毕，我们再开始进行。

于是大家又安定下来，等候命令。

北平及南京的接收工作，派员先行办理，北平方面，比较简单，因为院里职员，十之八九，都是抗战前的旧人，只是办一办手续而已。古物陈列所的接收工作，等到文物复员完毕，再行办理。

南京方面，先派人接收了朝天宫的库房，这个库房，曾被日人用做伤兵医院，原来的设备，如通风设备、防潮设备，都被拆去了，一、二楼的墙壁，也开了窗子，原来建在山下的"保险库"，因为年久失修，已然漏了水，无法使用了。原来留京未运的文物，被运到北极阁中央研究院去了。接收之后，除了"保险库"已无法使用外，其他三个库，都重加修理，恢复原状。修理完毕，又把存在北极阁的文物运回，费了些时间清点一次，虽有零乱，大致是没有什么损失。

到三十四年（1945）秋，知道各机关的复员工作已经完毕，故宫文物的复员也就积极筹备起来，决定下列诸事：

一、因为时局关系，平汉铁路的运输有问题，疏散到后方的文物，仍全部运回南京。

二、文物运输，应将各办事处所保管文物，一律集中重庆，在重庆装船，直运南京。

三、重庆南岸海棠溪向家坡原贸易委员会旧址，有许多空房，商经济部借来，做为临时集中库房。

四、临时集中库房的接收、整理，及将来收箱的工作，可先将存巴县文物八十箱运来，就请巴县办事处主任庄尚严先生及该处职员负责。

五、本院西北运输时，新绥汽车公司曾尽最大努力，此次集中运输，仍请新绥公司承办。

六、此次集中，完全用汽车载运，峨眉办事处主任那志良，曾担任西北方面运输工作，对于汽车运输，颇有经验，派为总队长，负运输之责。

七、运输次序，先运巴县文物，次运峨眉，最后乐山。

三十五年（1946）一月，巴县办事处所保管的文物八十箱，运到了海棠溪，巴县办事处全体职员也到了，开始接收房屋，改做仓库，并准备收箱的工作。

三十五年（1946）六月十七日，新绥汽车公司开到峨眉一辆卡车，说是装文物来的。我问他们：我接到总办事处的信，是五辆到十辆，为什么只有一辆呢？他们说：这部车是为的视察路线而来。我想，先去看看沿途情形，也是对的，就装好一车，我决定随车前去看看。临开车时，他们又告诉我，这部车是要绕道经成都到重庆。我说：到重庆的路线，是应当经乐山、荣县、内江，为什么绕许多路走成都？他们又说：这有两个原因，第一，乐山到内江这一段公路，坑凹不平，无法行车，将来运古物，恐有危险，公司的意见，是请你到公路局接洽一下，把路修一修；第二，这部车不是新绥公司自己的，是租来的，租时说明白，回来时要走成都。我没有办法使他改变行程，只好退一步想，先到四川公路局接洽修路的问题也好，回来时再走荣县那一条路吧！

装好的这一车，由我押运在三十五年（1946）六月十八日由峨眉开出，当天下午很顺利地到达成都。

第二天我去四川公路局接洽，什么问题他们都答应，只是一件，没有钱，除非故宫博物院肯"借"给他们，最后，他们的副局长答应明天他也去重庆，找到马院长，大家商量。

我们在成都停留了一天，我趁空去看望一下曾经贮存文物的大慈寺，次日清晨又开车赴重庆，晚间到达了海棠溪的向家坡，老友几年不见，大家非常高兴。

马院长约了公路局的副局长、新绥汽车公司经理和我，一同商讨运输的事，决定：

一、峨、乐两处文物走同一路线，即自乐山，经荣县到达内江后，循成渝公路到重庆。峨处文物，只多峨眉到乐山一段。

二、荣县至内江一段，路面坎坷不平，几乎不成其为公路，由四川公路局修理，但须由故宫博物院借款。

三、故宫博物院派员会同四川公路局沿途视察一次。

商妥之后，我们决定就我由渝回峨之便，就便会同公路局副局长一起沿路视察，并定在六月二十六日，由副局长备小吉普车一辆动身。正好在动身的前一天，我的疟疾发作，动身之日，只好扶病而行，一路上非常难过，回到峨眉的第二天，病却好了。

回来以后，天天盼车来，总是一点消息没有，后来得到重庆来信，才知道新绥公司自己一辆车也没有，口口声声地说，我们的新车就快来了，只听楼梯响，不见人下来，我力主和他废约，另寻可靠公司。最后还是有人建议，说川湘公路局接收了日本的卡车一大批，他们对司机采用租车的办法，车子租给司机，专载公路局替他们找的货物。公路局照规定给他们运费，他们按月缴纳车子的租金，大修由路局负责，小修由司机自己处理。这个办法非常好，司机抢着运货，充分发挥了运输效率，主张院中改用他们的车辆。马院长遂与新绥公司及川湘公路局商定，为了符合原来计划，名义上是由新绥公司租川湘公路局的车，事实上由院中与川湘公路局直接交涉。

川湘公路局做事相当迅速，不到几天，大批的空车陆续开来，峨眉办事处也忙起来了，从七月中旬到九月十二日，把存峨眉文物七千二百八十六箱，全部运到了重庆海棠溪仓库里。

在峨眉办事处的文物运输未结束之前，乐山办事处已开始了准备工作。

首先要决定的是在什么地方装汽车，汽车不能达到安谷乡。运来的时候，是在乐山运下轮船，装入木船，运到安谷乡的；运出的时候，不是在乐山装船，而是在乐山装车，就必须经过府河，运到对岸的县城里去，府河水流湍急，易生危险。安谷乡人替我们出了一个主意，在岷江对岸有一个地方叫马鞍山，那里有一座属于县政府的粮食库，仓库下面有个码头，在安谷乡装上木船之后，可以运到乐山，靠这个码头，用人力就可以抬到仓库里去，非常方便。我们采用了这个建议，向县政府借到了这个仓库。

三十五年（1946）九月十五日，乐山办事处的文物，也开始起运了。峨眉办事处的职员，一部分派到乐山协助工作，一部分到了重庆，办理收箱工作。这时，巴县办事处的职员，大部分到成都去办理书画展览的事，重庆的收箱及典守工作，改由峨眉办事处的职员接办了。

为了加速运输，川湘公路局车辆之外，又加入了一部分军车，帮同载运，到三十六年（1947）三月六日，完全运毕。所有疏散到后方的文物，现在是集中在重庆了。

在这里的保管，分成三组：甲组在山下，巴县办事处的同仁，到重庆后，就住在近山麓的房子里，他们无需再搬，就分给他们几个库房，负责保管。编为乙组的，库房及办事处都在山腰，乐山办事处同仁，大都分在这一组；近山顶一带的库房及办事处，分给峨眉办事处，编为丙组。分成甲乙丙三组之后，原来的办事处名义一律取消了。

文物运到这里，只是临时性质，等到长江水涨，能行大船时，就可以起运了。本以为可以休息一个时期，但是，白蚂蚁的问题，非常严重。

向家坡这个小山，原来坟墓很多，白蚂蚁随处皆是，故宫博物院接收这里的许多房屋，原来都有地板，我们认为箱件放在地板上，怕它的支架不够牢实，决定把地板一律拆去，揭开地板一看，支架的木柱木条，早已被白蚁吃空，我们就担心箱件放入，可能要受白蚁侵害，最好是做些水泥墩，把箱架支起，白蚁向上侵害时，它一定要在经过处，用土做成隧道，我们便可以随时发现了。可是做这许多墩子，所费不赀，况且，这又是临时使用，犯不着花这许多钱；也有人主张把地面满铺水泥，用费也不少。最后决定，雇一些临时工人，到河边去捡鹅卵石，每个架柱之下，垫一块鹅卵石，使白蚁无法从地下直接侵木架上去。

三组同仁有事情做了，每人发一块棉垫，一个电筒，早晨起来，八时起，要进入自己所管的库房里去，把垫子放在地上，跪在上面，俯身用电筒照每一个鹅卵石，要四面照到，看看有没白蚁修的隧道。有时，那便是蚂蚁上来了，马上报告，马上把这行箱子卸下来检查，同时把鹅卵石的下面挖一个深坑，倾入防蚁药水，再用石块灰土垫平，放好箱架，再把箱子摆好。

下午三时，再进去一次，再查一次。天天如此，真是一件烦人的事。

另外，在各人的家中，或单身职工宿舍里，也都有一件麻烦事，那便是臭虫。贸易委员会临去时，把那些桌椅床铺之属，都留在那里未搬，故宫博物院得到这些东西，所有办公室以及宿室的床椅之属，都无需再为添制。哪里知道，这些床铺里的臭虫之多，令人不可想像，有大太阳出来的时候，你可以看得到，家家把床铺搬出来晒臭虫。但是，这批家具，仍然被故宫同仁在复员之时带到了南京。听说有人把臭虫叫南京虫，臭虫如果真有这个雅号，它也是随同古物，一起复员了。

　　有一天，在重庆办总务的励德人先生来找我，告诉他接到院长的来信，古物陈列所的接收之事，就要开始了，院长的意思，趁存在重庆的文物还不能起运的时候，调我到北平去做这个事，等到查完之后再回来。我告诉他我非常愿意早一天回到北平，许多亲友久已不见了，而且先严去世，尚未安葬，我必须早些回去料理这事，可是我的内人时常生病，我不放心，我的意见只有两途：一个是不回去，一个是回去就全家回去。请你转陈，我自己也写信去。后来得到院长回信，已另派别人，不必回去了。

　　三十六年（1947）一月起，我们的复员工作，已在积极筹备了。当时决定的办法是：

　　一、重庆到南京的水运，与民生公司订约，由该公司承运。

　　二、由向家坡到码头一段陆运，由川湘公路局的汽车载运。

　　三、国子监石鼓，箱大体重，装船不便，由川湘公路局载运，直接运到南京，这十辆车就留在南京备作由码头运器件至库房之用。

　　由渝至京这段水路运输，是顺流而下，快而且稳，人人愿意做这个押运工作，运石鼓的十辆汽车，预计要走十几天，天天颠簸，谁也不愿走这条路。可是，我与吴玉璋先生却愿意做这个工作，我们两人共同担任西北运输时，我们也翻过车，也遇到过危险，我们仍然觉得坐在司机台里，眺望风景，是一件乐事。我们问明白，川湘公路局是派十辆新车，也问明白了沿途公路已是畅通，我们就答应下来，另外一位同事张德恒先生也愿同去走走，我们三人说好，由我坐第一辆车，到处做接洽工作；吴先生坐末一部车，别的车有什么事故，他可以解决；张先生坐倒数第二辆。

　　三十六年（1947）五月三十日，是装车的日子，一辆一辆的老爷车先后开到，我问总务方面的人，当时说好是新车，这种车怎能用？他告诉我车的样子不好，机件却灵，绝无问题，旁边一位同事小声告诉我说："他是哄着傻丫头上轿，这种车不翻车也要抛锚。"可是，我们既已答应了这个工作，没有反悔之理，听天由命罢！五月三十一日晨，这六千里路的长征开始了。

第一天开车，吴玉璋坐的那辆车就翻了车，原因是方向盘的"拉杆"断了，方向盘管不了轮子，幸亏撞到了一棵小树，树断了，车翻到稻田里去。他这部车是最后一辆，他出了事，前面的车子都不知道，这些车走了不少路，休息下来，等后面车子，一直不见来，后来，见一部军车开来，告诉我们，后面一部车翻到稻田里去了，并告诉我们没有伤人。

我想开一辆车回去看看究竟，司机不肯，因为开去一趟，耗费了油，车开不到綦江怎办？幸好有一辆货车，是开往重庆去的，答应我搭他的车到出事地点，到了之后，我看到箱子已由稻田运了上来，田里无水，箱外仍是干干的。吴先生告诉我，司机已打电话给路局，他们已开来一辆救济车了。等了好久救济车开到，把车装好，与其他各车会合后，又继续前进，晚间宿在綦江。

由綦江到彭水这一段上，离綦江不远，就要连续走上坡路十公里，又连续走下坡路二十公里，坡高路陡，急弯甚多。从白马开出后，路是曲折纡回，连续上坡十八公里，在山上盘旋十公里，又连续下坡十八公里。这天的行程，因为是个阴天，遍山皆云，汽车出入云海，风景格外好看。我觉得这里的山，比峨眉山还要好，峨眉山的好处在于秀，这里的山却有雄伟的气魄。有一座山，远远望去，好似峨眉山的舍身崖，我想如果在这里建一座庙宇，比金顶好得多了。过武隆后，沿着黔江走，两面高山，中间夹着黔江，公路便沿着黔江蜿蜒而行，好像川陕道上的明月峡。

从彭水开出，是一个晴朗的天气，晨光曦微，照得一切，有明朗的感觉，与前两天所见的林峦烟雨，各有其妙。到黔江时，我们休息一天，车子已开出五天了。

离开重庆之时，我们就听说酉、秀、黔、彭四县，是土匪出没之地，后来潘文华的部队驻在这里，把土匪赶走了，但是仍不安静。我们对于这事，有些担心，一路打听，都说没有土匪，在这里又问到一位老先生，他说："你们放心走吧！没有事。潘主任的队伍都开走了，哪里还有土匪呢？"他这话意义含混，我弄不清楚，是土匪没有了，所以潘主任的队伍开走了？还是说潘主任的队伍开走了，所以没有土匪了？我不明白。

黔江到龙潭的一段，在距酉阳二十四公里，地名高坎子的地方，一辆车又翻了。这是人为的过失。一辆车的司机，在下坡时，为了省油，把油门关掉，很快地向下冲，恰巧在转弯时，对面来了车子，司机一时手足无措，便向山坡下翻去，车上的人，包括司机、助手、宪兵等，赶快跳下车来，幸未受伤，石鼓非常笨重，也未受损，只是汽车摔坏了，附运的家具摔碎了。晚间，由龙潭开来一辆车，把石鼓装好，赶到龙潭集中。经过两次翻车，大家有了戒心，司机们纷纷卸下机器，大加修理，在龙潭，又耽搁了两天。

离开龙潭，经过秀山、茶洞、永绥，到达所里。永绥、所里之间，有一段山路名矮寨，是我走过的公路中，最危险的一段，陡坡七公里，两边竖着许多大小牌子，写着"危险""急弯"等叫司机注意的话，所有急弯，急得不打倒车，便转不过来，一面是山，一面便是笔直的山涧，通车之后，屡次翻车。有一次，一辆客车，由山上跌了下去，乘客全部罹难。土匪也在这里劫过车，地方真是凶险极了。所有司机，都是经常行驶这条路线的，大家特别小心，幸未发生事故。

由所里经泸溪，到达沅陵，全程第一个段落，已经走完，是六月十二日，离开重庆已十三天了。

在沅陵住了三天，六月十五日由沅陵出发，经桃源时，司机告诉我，附近有个渔父乡，那里有个山洞，便是《桃花源记》里所记的那个山洞了。经常德到长沙的一段公路上，都是红色泥土，路旁青翠的树木，碧绿的田野，衬着蔚蓝的天空，一朵一朵的白云，风景之美，令人流连；湘江资水中的远帆，更富诗意。过益阳时替同事买了许多竹席与竹夫人。

战后的长沙，与我押运古物到湖南大学时，完全不同了，一场大火，把那些旧式建筑、狭窄街道，通通烧光了。此次重来，见到的是宽阔的街道，高大的建筑，尤以布店、银楼，建筑的宏伟，比得上其他各地的银行。

在长沙住了四天，六月二十一日又由长沙开出，到浏阳时，看到家家在插菖蒲，知道将近端阳了。出了浏阳，就该渡河，渡船是由两只破船拼成的，船已漏水，很是危险。新修的大桥，已然完工，可是不准通行，工程处坚持非行过通车典礼，不能通行。语言的粗野，态度的无礼，使人无法再和他交涉，只好仍用渡船，每渡一次，淘一回水，慢慢把十辆渡完。

过河不远，刚刚开过上栗市，公路上掘了一道沟，竖个木牌，上面写着"禁止通行"。看守的人说："这条路根本没有通车，现在正修理中，你们愿意走就走，翻了车怪不得哪个人。"他又告诉我们，从这里到南昌，没有一条公路通过车，南昌再过去，更是走不通。我们才了解，我们是完全受了川湘公路局的骗，讲好的十辆新车变成十辆老牛破车，而这条路根本未通，他们却说是畅通无阻，我们这三个傻小子盲目地答应了这个工作，现在该怎么办？

川湘公路局本来派有一位职员，随车照料，我们和他商量，他说既已到此，我们只好走一段说一段，能够到达南昌就好办了，况且，这个人说的话也未必十分可信。于是又继续前进，那个人说得果然不错，这一条路果然是坏得不堪，车辙是两条深沟，沟里贮满了水，司机看不出沟里的情形，有时沟里有一块大石，有时沟过于深，车底碰到路面上的石头，有的司机主张骑着沟走，而路面极滑，又怕翻车，真是比牛车的速度还要慢，好容易才到了株潭。

过了株潭，路面上放着一堆一堆的石子，是准备铺路的，每堆都是三四尺高，八九尺宽，每隔几尺，就是一堆。我坐的车子，是第一辆，他就负责把石子堆平，车子的损失自然很大，司机不住地骂，车子摇摇摆摆，我深怕又出一次翻车的事。

车过上高，公路局似乎还没有准备修这一条路，路上虽有不平之处，比起前一段，反而好走得多。在路上我们吃午饭时，炒来的菜，肉完全是臭的，原因是这一带的地方，在战争时，人有的逃走了，有的死于枪炮之下，根本找不到人，偶尔见到几个人，也都是衣服褴褛，面黄饥瘦，大片的田地，没有人耕种，凄凉万状。我们到南昌那天，正是端阳节。

在南昌接洽的结果，知道由南昌到南京这一段，根本是无法通行，公路已被破坏，尚未修复；桥梁早被炸毁，又无渡船设备，唯一的办法，只有改运九江，在那里换船运京。我把这个意见报告院中，得到许可，于是改变了计划，做开赴九江的准备。车子走了这一段破路，损失不小，要大事检修，我们在南昌住了五天。

由南昌至九江这一段，抗战时，曾被日人大肆屠杀过，人少极了，大片的土地芜废着，土匪出没，时常劫车。我们在南昌时，就有人告诉我们，张公渡不能住，无论如何，过了张公渡再谈住宿问题，可是从南昌开出后，路上因为修车有了耽搁，到张公渡已然天黑了，司机对这条路线不熟，不敢夜间行车，只好住下来，我们知道，即或有土匪，他们不会要那笨重的石鼓，至于押运人员的安全，那也顾不得了。大家劳累一天，都睡得很好，第二天醒来，天已大亮，一夜无事，平安。

第二天，六月三十日，我们到达了九江。

在九江换船，不是容易的，在上游的各码头，都已装满了货，偌大的石鼓，便无法装。有几次说是船要来了，可以装石鼓，我们把旅馆房间也退了，到时仍不能装，只好再回旅馆。张德恒先生有眷属同行，各处玩玩，不感寂寞，我与吴玉璋先生住在旅馆，确是烦闷，后来找到一个出赁小说的小店，我们有解闷的了。张恨水的小说，我以前没有看过，这次看了不少。

七月二十三日得到确实消息，有一条"执信轮"，正在装米，舱位可以由招商局的九江办事处支配，向招商局说了不少好话，才得到许可，这次我们真的走成了，七月二十四日下午装船，二十五日上午离开九江，一路风景，与战前无殊，风帆沙鸟，依旧是悠然自得。算起来，我们在九江，已住了二十四天。

执信轮在芜湖停留一夜，二十六日晨到达南京下关，当天运回朝天宫。

这一次的运输，一共走了将近两个月。

水路的运输，在三十六年（1947）六月十九日，也开始了。他们的运输，比较没有什么问题。

在海棠溪，设一个转运站，汽车由向家坡运到转运站，搬到趸船上，用小火轮拖到对岸，存入仓库。装船的时候，由货栈提出，用人力装上轮船。

押运输船比押运汽车要舒服得多，还可以看看三峡之胜，只可惜是下水船，不如上水船之饱览风景，"两岸猿声啼不住，轻舟已过万重山"了。

船到南京，有人接运到朝天宫。

抗战后的码头工人，比起抗战前，是大大地不同了。记得文物南迁时，无论是两人抬一箱，或是一人背一箱，都是轻起轻放，有工头在旁监视，绝不许有一点震动。这次则不然，我回到南京，加入了在下关转运的工作，看到他们把一叠箱子，向旁一推，箱件倒下之后，每人背一个出舱，这是运普通货物的起运方法，古物的运输怎可以如此？同事梁廷炜先生过去阻止，几个工人过来要打他，我们只好向工头说了不少好话，解释这东西的重要，虽然取消了这个方法，但是移运箱件，仍不能小心在意，使得在场职员，伤透了脑筋。

三十六年（1947）十二月九日，文物复员的工作，终于完成了。

复员后的故宫博物院

复员后的故宫，在北平方面，范围是扩大了，古物陈列所的地址——三大殿，拨归故宫博物院，存平未南迁的文物，也一并由故宫博物院接收。院中的范围，南起太和门，北迄景山，整个北平内城的中心是一个博物院。

　　古物陈列所划归故宫博物院后，开放参观，仍是单独办理。以前的故宫博物院，就因为地方太大，无法使参观人在一天看完，就分三路开放，每天一路。三大殿没有办法把它们加入任何一路中，只好仍然独立开放参观。

　　文物也略有增加，除了接收古物陈列所存平文物外，又收购及接受捐赠了一些文物。

　　收购的文物，是属于图书与字画。我们在谈清室善后委员会点收故宫文物的时候，曾经谈到在养心殿发现有《赏溥杰书画目》，当时就认为目录中所列的书籍、字画，一定是借赏赐为名，把宫中文物偷运出去。"满洲国"成立，这批东西被运到东北，抗战胜利，溥仪忙于出国逃避，把这一批东西，也运到飞机场，不想苏联军队开到，溥仪被俘，这一批文物也就散失了，有些人在东北用极低的价钱，买到极贵重的字画、书籍。故宫博物院也想收回一些，但是时期已晚，已买不到便宜东西。那时，请到了一批特别费用做收购之用，买得到的、买得起的，为数不多，所购到比较重要的，是：宋板《资治通鉴》一部，全书一百册，又目录十六册，分装二十四锦套，是南宋初年刻本。王仁珣书唐韵卷，龙鳞装；邓文原章草真迹卷，这两个卷子都经故宫博物院影印发售了。还有一部《四明志》，也影印发行。

　　赠送的文物，有两批，一批是郭葆昌先生的赠送。郭先生是中国有名的瓷器专家，他所以有名，是因为他对瓷器的制作过程，了解得非常清楚。在袁世凯想做皇帝之时，他曾派郭先生到景德镇监烧瓷器，样式做法仿古月轩，底款还不敢用"洪宪年制"，采用"居仁堂制"，那时袁世凯正住在南海的居仁堂。一般监烧瓷器的官，谁也不进瓷窑去，坐镇在景德镇就是了，郭先生却是与工人一起工作，亲身到窑里去，所以从制胎起到绘花、上釉、入窑，每一个步骤他都了如指掌。在当时，真正懂得瓷器的，郭先生是第一人了。故宫博物院成立之后，院里请了他做瓷器及书画的审查委员，文物赴伦敦展览，他有机会把故宫重要瓷器都看过一遍，在这里选出准备参加的展品，借此把故宫瓷器整理出一个头绪出来，他所审定的，后人有些专家们批评他有错误，这是难免的，现在的专家所采定的，又焉知不被以后的专家所驳倒呢？郭先生对故宫瓷器的整理是有功的，他因此也对故宫有丰富的感情。他本来收藏很富，不但瓷器非常之多，国人所熟知的《三希堂帖》，除了《王羲之快雪时晴帖》现存故宫博物院之外，其余的《王珣伯远帖》《王献之中秋帖》，都在郭先生手中。有一次他在家里宴客，在座的有故宫博物院院长马衡先生、古物馆馆长徐鸿宝先生，及古物馆科长庄尚严先生，他告诉马院长，等他故去之后，所有收藏，包括伯远、中秋二帖，一律赠送故宫，并立了遗嘱。郭先生故去，他的公子真的把大部分瓷器，都送给故宫，故宫博物院接收之后，政府还送他一笔酬金。至于中秋、伯远二帖，郭公子没有提到，院中也不便问他。据说他初次来台时，曾把这两帖带到台湾来，后来又带到香港，有人说已经卖到大陆上面去了，是否如此，固不可知，而《三希堂帖》，不能得延津之合，是可惜的。

另外一批的赠送，是德人杨宁史所赠的铜器。他所藏的这一批铜器，以铜兵为多，古色斑烂，都是极精的商周遗物，其中五六件是"铜内玉援戈"，花纹极好。故宫博物院特别辟一陈列室，专展他所赠的这一批铜器。

南京方面，最重要的工作，是修理库房。南京在日据之时把这里的库房改作伤兵医院，库房内部的通风设备及管制湿度的设备等，不知拆到什么地方去了，而在墙上开了许多窗户。首先要把这些温度、湿度等的设备恢复起来，才能堵塞这些小窗。位于山下那个"保险库"，如果想修理，只有把上面的土完全铲去，彻底翻修，这个工程太大，只好等以后再议了。

政府配给了四幢活动房屋，供职员八家的眷属居住。为了经费关系，顶上未加天花板，下面没有支起，闷热已极。

各项工程完毕后，便把存在北极阁的文物运回库房，并略为清查，等候疏散到后方的职员们回京，再做详细的清点。

三十五年（1946）十月三十日，到十一月十一日止，教育部主办，举行一个展览会，邀故宫博物院、中央研究院，及京沪一带收藏家，提供展品，那时文物尚在重庆，未运到南京，故宫博物院的出品，是交泰殿中的宝玺，及德人杨宁史捐赠的一批铜器。

三十六年（1947）十二月九日，文物复员的工作完成之后，南京分院也开始了正常的工作。第一，是陷京未运到后方文物的清理，第二，是在抗战期间代为保管的古物陈列所箱件移交中央博物院，第三，是朝天宫的殿宇改建陈列室。

在抗战时，文物疏散后方，当时有一批文物，陷京未能运出，被日人移存北极阁中央研究院旧址，腾出这座库房做伤兵医院，可能他们还整理过，因为里面有些号签，不是原来有的，这些文物，有没有损失？是一件重要的事，当时分配各馆自行清理，大致说来，是并无损失，是值得大家安慰的。

古物陈列所的文物，存在南京的故宫博物院库房，是借地存放性质，存了多少箱，故宫博物院的人知道，也要负代管责任，至于箱里文物，故宫博物院并没有责任。而且，在疏散到后方时，故宫博物院还把他们的文物，尽力疏散出去，故宫博物院自己的箱件陷京有二千七百七十箱之多，而古物陈列所只有一百一十二箱。这次奉令把古物陈列所南迁箱件，移交给中央博物院，仅是按箱数移交，所以这个移交工作，很快就做完了。不过，中央博物院在接收之后，做过一次清点，邀请故宫博物院派员作证，倒是费了不少时间。

朝天宫殿宇改建陈列室，倒是一件麻烦事，在胜利之后，朝天宫已被几个机关占用，当中的崇圣殿，是被最高法院用做审问敌伪政府要员的法庭。请他们搬开，是非常难办的事，事实上，他们也是无处可搬。我们不得不暂时放弃这个希望，我们也曾做了改建陈列室的计划、预算。但是国事日非，谁也没有这个心情管理故宫博物院的展览计划了。

三十七年（1948）五月，故宫博物院与中央博物院联合举行了一次展览，地点在中山门内中央博物院筹备处。故宫博物院由存京文物中选提书画瓷器等精品参加展出。

徐蚌会战刚刚开始的时候，故宫博物院接到中信局的公函，说到有一批日本归还文物，完全是缂丝及绣品，请我们派员到上海去接收，我奉派前往，到了上海，才知道船还未到，要在那里等船，等了许多天，才把文物收到，运回南京。

离别了南京只有半个月，显得一切有些异样了，金圆券的发行，把市面的经济，弄得乱七八糟，南京的店铺，本来就有"目下一言为定，早晚市价不同"的牌子，挂在店中，现在不仅是"早晚"市价不同，一个钟头以后的价格，或许就有了变更。公教人员的配给，米里很多白砂子，煤球生火不燃，后来更变本加厉，你买了米，准会有人抢夺。社会情形如此，负责文物典守的人又看到前线战事的紧张，不能不对文物安全，加以注意了。

院中理事，有建议召开理事会，共商决策者，理事长翁文灏认为不便；又有人主张早早迁运，翁文灏也不赞成，他说国共正在商谈和谈，如果迁运古物，未免扰乱人心。最后他同意在他的寓所中举行谈话会，大家交换一下意见。当天出席的有王世杰、朱家骅、傅斯年、徐鸿宝、李济、杭立武等人，大家一致赞成迁运，翁文灏无奈，表示大家既主张运到台湾去，他也不反对。于是大家作更进一步的商量，决定第一次迁运，先以六百箱为范围。

在谈话会中，朱理事家骅以教育部部长的身份，提议把中央图书馆的文物一同运台，这本是中央图书馆馆长蒋复璁先生的要求。在时局紧张之时，蒋先生为文物的迁运，十分努力，谈话会的举行，他奔走之力不小，徐鸿宝先生由沪赶来参加，也出诸蒋先生的敦劝。这一段事，以前我不知道，所以在写《故宫四十年》时，我未叙入，我只是根据一九五〇年一月二十三日下午在台北行政主管部门会议室举行的"两院理事谈话会纪录"写的，纪录中有杭理事立武的报告，照录如下：

前年十一月间，徐蚌不守，故宫、中博两院理事，以南京有作战场可能，文物安全，颇为可虑，因有选择精品运出之议，曾由故宫翁理事长咏霓先生，在其南京住宅，召集一谈话会，到会者有朱骝先、傅孟真、徐森玉、李济之诸理事及立武。当经决定第一次选运精品，以六百箱为范围运台。嗣后再经两院理事会商，又陆续运出三千余箱，计故宫共运出二千九百七十二箱，中博共运出八百五十二箱，合计三千八百二十四箱。此外，有中央图书馆及北平图书馆之善本图

书，外交部之条约档案，亦随同分三批运台，每批运后，故宫、中博
两院均呈报选运文物清册，故宫方面迳行报院，中博方面报由本部转
报，均有院令备案。（下略）

同时，傅理事斯年则以中央研究院历史语言研究所所长身份，提议该所文
物也随同搬运，均经各理事同意。于是这个迁运的事，由五机关共同负责。

最先起运的箱件，也就是第一批迁台文物，故宫博物院方面是规定了要
运：以前存在安顺办事处的八十箱，这八十箱，本是民国二十四年（1935）运
往伦敦展览的文物，文物向后方疏散时，又把极重要文物，加入了一些，这是
故宫文物的精华，所以要提前起运，此外便是一些别的重要文物了。一共检提
了三二〇箱。其他各机关，也在提选精品，各单位所运箱数如下：

故宫博物院	三二〇箱
中央博物院	二一二箱
中央图书馆	六〇箱
中央研究院	一二〇箱
外交部	六〇箱

以上共计七七二箱，准备好了，等候交通工具。

这一次的运输，是由杭立武先生主办，他一面接洽船只，一面派杨师庚、
芮逸夫两先生，先到台湾，做准备工作。

船只是向海军总司令部商洽的，得到桂永清总司令的协助，派了"中鼎
轮"担任这项工作。海军总司令部给教育部的公函是这样说的："兹摘录本部
三十八年二月大事记一则：'派中权、中基、中鼎、昆仑等四舰，疏运总部人
员及物资'。可作故宫文物运台资料之参证。"函中措词，是说明了这四只运
输舰，是疏运总部人员及物资的，故宫文物的运台，可资参证而已。桂总司令

却指定了中鼎轮专运文物赴台。

三十七年（1948）十二月二十一日，文物在南京下关装船，在装船之前，已有海军方面人员眷属登轮，准备随船来台。军舰方面，不便阻止，我方派员交涉无效，最后还是桂永清总司令亲自到来，劝导已经登轮的眷属，应以国家文物为重，才相率离去，于是这只舰上，除了航行人员之外，就是押运人员及其眷属。

中鼎轮在十二月二十二日清晨，由南京开出，走在长江之中，还觉得平稳，一到海上，顿觉摇晃不定。这个运输舰是登陆艇改装的，它是平底，我们想想看，那些平底的木船，在波浪中一起一伏、摇摇摆摆的样子，便可以想像得到，这只登陆艇是如何摇摆了。白天还好，除了有些晕船之外，并没有什么特殊感觉。到了夜间，风声、涛浪声，已使人惊心动魄，而舱里的箱子，又没有扎紧，船向左边一歪，箱子就溜向左边；船向右边一歪，箱子又溜向右边，轰隆轰隆之声，甚是刺耳。而海军司令又托这个舰长带了一条大狗，狗也不能适应这个环境，一直在吠叫不止，使人感觉到这是不是世界的末日到了？十二月二十六日，这一条船，才到达基隆。这一批文物的运输，是由中央研究院的李济先生率领，各机关所派押运人员如下：

故宫博物院　庄尚严　刘奉璋　申若侠

中央博物院　谭旦冏　麦志诚

中央图书馆　王省吾

中央研究院　李光宇

外　交　部　余毅远

船到基隆，由杨师庚、芮逸夫两先生到码头来接，他们已找好杨梅通运公司的仓库，暂行贮存文物。二十七日清晨开始把箱件卸下来，装入火车，当天运到了杨梅，贮入仓库。

杨梅的仓库不大，容纳这七百多箱并没有问题，如果陆续迁进，这个地方是不够的。文物安置妥当之后，杨师庚、芮逸夫，及谭旦冏三先生便到台中市去设法。当时由杭立武先生电请台中市市长陈宗熙先生协助，他们到台中糖厂去接洽，谈起话来，知道厂长于升峰先生，与谭旦冏先生都是留法的同学，再加陈市长的帮忙，于厂长慨然答应借两栋仓库，并拨一块空地，供建职员宿舍之用。

存在杨梅的文物，除了中央研究院所保管的箱件，仍然留存杨梅之外，其余各机关文物，在三十八年（1949）一月九日，完全运到了台中糖厂仓库贮存。

南京方面，在第一批文物运出之后，即开始筹备接着再运第二批，仍照第一批的办法，每机关指派一人，负筹备工作，每天大家见一次面，共同商讨。

故宫博物院的理事会，指定在这一批起运的，是《四库全书》及《四库荟要》全部、宋元瓷品、全部铜品。箱数希望能运一千六百多箱，与第一批共凑足两千箱。当时派定的押运员，就遵照指示，开始准备。这一次不像第一批的匆忙，得以慢慢地查找。

运输的工具，海军方面派船无期，决定改雇商轮，招商局允予协助，派一货轮代为装运。三十八年（1949）一月初，得到招商局的消息，决定派海沪轮担任，一月三日可以开到南京下关。筹备的工作便加紧起来。

三十八年（1949）一月三日，海沪轮果然开到了，大家商定，四日装故宫博物院及北平图书馆托运文物，五日装其他各机关文物，两天顺利地把文物装好，静候六日开船。这一批各机关所装运箱数如下：

故宫博物院　　　　　　　　　　　　　　　　　一六八〇箱

中央博物院　　　　　　　　　　　　　　　　　四六八箱

中央图书馆　　　　　　　　　　　　　　　　　四六二箱

北平图书馆	一八箱
中央研究院	八五六箱

以上共计三千四百八十四箱。押运工作，本来决定由故宫博物院副院长徐鸿宝先生率领，徐先生因事不克成行，改由各机关所派押运人员共同负责。各单位所派人员如下：

故宫博物院　那志良　吴玉璋　梁廷玮　黄居祥

中央博物院　李霖灿　周凤森　高仁俊

中央图书馆　苏莹辉　昌彼得　任　简

中央研究院　董同龢　周法高　王叔岷

三十八年（1949）一月六日海沪轮由南京下关开出，台湾海峡风浪依然，但是这条船比起登陆艇是要平稳得多，随船员工、眷属，只有躺在床上不能起床的，而没有一个人呕吐过，一路很是顺利，九日晨到达基隆。船刚刚靠岸，许多小木船围拢过来，大部分是卖香蕉的，他们知道，凡是由上海开来的船，去卖香蕉，生意一定好，因为大陆的香蕉没有这样便宜，而且什么样的钞票，都一律通用，大家都争着买。有人问：我们出来之前，不是有人告诉我们，台湾苦极了，只能吃香蕉皮，为什么反而是这样便宜呢？

上午十时左右，谭旦冏先生来了，告诉我们，火车的车皮，不敷分配，要我们留下人在码头上照料文物及眷属，派代表一二人到台北去，与杨、芮两先生共商接运之事。我与董同龢两人随同谭先生到了台北，在台北我们把各人应负责做的事谈好之后，在台北吃过晚饭，乘晚间由台北开的一次普通车的火车，返回基隆。我们初次乘坐台湾的火车，有两个感觉：一是车厢比较狭，一是每站距离太近，走不了几分钟就要停一次，好像在大陆上坐电车一样。

到了一月十二日才开始卸船装车，中央研究院的文物不与其他单位的箱件混装，他们的文物运到杨梅，其他各机关的文物运到台中市台中糖厂。

南京方面，在第二批文物起运之后，又在筹备第三批起运之事，这一次只有故宫博物院、中央博物院，及中央图书馆三个单位参加。在第二批文物由南京运出的第三天，即一月九日，三个单位的代表，在中央博物院开过一次会，商讨的结果，初步决定共运两千箱，分配的数量是：

故宫博物院	一七〇〇箱
中央博物院	一五〇箱
中央图书馆	一五〇箱

这一次运输，打算仍照第二批的办法，雇用商船，可是那时的军公运输，非常繁忙，雇不到船，只好再请求海军方面的协助。桂总司令答应了派昆仑舰装运，可是船期无法预定，而且船的行期，是要守秘密的，建议先把箱件运到码头，船一开到，立刻装好，马上开走，我们只好照他的办法。

箱件运到码头，放在什么地方？那时，下关一带的仓库，装得满满的，无地可容，只好放在码头上，购许多油布，严密地盖好，派军队守护，各单位也轮派职员，在旁监护。那些天正值阴雨天气，连绵不晴，码头上人迹稀少，江流中细雨迷蒙，偶然听到远处军号之声，刺人心弦，凄凉之景，令人不胜唏嘘。

昆仑舰开到的日期，正是旧历的十二月二十九日，开到之后，舰长宣布只停二十四小时，即行开船。不能不赶快装船，而这日适逢除夕，工人以过年为辞，不肯装船，幸好事前已与码头工会订过约，并接受过订金，才由工会会同军警疏通，答应工人加发新年特别奖金，才答应搬运文物上船。

昆仑舰开来的消息，海军方面人员自然知道，一听到有开赴台湾的船，大家争先恐后，携家带眷，一拥而上，占满了一个舱；另外一个舱，已有其他机关物资，余地只能装约五百箱，是不够的。交涉多次，不得要领。只好再去求救于桂总司令。桂总司令又亲来船上，劝导大家下船。这一次，与第一批的情形不同了，时局已十分紧张，大家都抱着逃难的心情，既上了船，就不肯下去，看到总司令来到，男女老少，放声大哭，他看到这些人，都是追随自己多年老部下的眷属，哭得如此可怜，看着他们黯然无语。停了一会，他谕令舰长，把舰上所有官兵卧舱开放，尽量容纳这些人，文物分别送到舱中、甲板、餐厅，及医务室等。

文物继续向船上运，把以上的地方装满之后，舰长宣布停止。原来准备起运的箱件，已经运到码头的，除中央博物院的一百五十箱，全部上舰以外，故宫博物院有七百二十八箱，中央图书馆有二十八箱，都未能装上船去，只好由两机关留驻南京人员运回。各机关实际运台箱数，是：

故宫博物院　　　　　　　　　　　　　　　　九七二箱

中央博物院　　　　　　　　　　　　　　　　一五四箱

中央图书馆　　　　　　　　　　　　　　　　一二二箱

总计是一千二百四十八箱。

故宫博物院及中央图书馆所运出的箱件比预定数为少，而中央博物院反较预定数为多，这是因为在搬运将近完毕之时，杭立武先生又派中央博物院职员送来四箱，其中是翡翠屏风、白玉花瓶、青玉花瓶等，这些文物，都是在抗战时期，汪精卫赴日本时，赠送日皇及皇后之物，胜利后归还我国，由中央博物院接收保管。杭先生认为这是很有意义的纪念品，嘱转告中央博物院的押运人员，务必把它运走。可是箱件运到之时，装船工作已经停止，经押运员索予明再三与船上交涉，说明这四箱文物的重要性，最后才得到副舰长褚廉方先生的许可，把这四箱收入一间官长室中。所以中央博物院的箱件，比预定的多了。这次的押运人员是：

故宫博物院　张德恒　吴凤培

中央博物院　索予明

中央图书馆　　储连甲

这一批的运输本已决定请故宫博物院的文献馆馆长姚从吾先生率领，姚先生因事提前来台，押运的事，仍照第二批办法，由各单位押运员共同负责。

第三批已经起运的消息，传到了台中，大家商议，先要知道在哪个港口卸船，以便准备，公推我到基隆去打探。我去了基隆，海军方面认为昆仑舰在高雄停靠的可能性比较大；我又赶到左营，他们说并无消息，在基隆停靠的可能大些。我只好在两方面都拜托他们，一有消息，马上通知联合管理处。

我们确知第三批的船，是在一月三十日开出以后，一直没有船到的消息，大家有些着急。我再赴基隆、左营去打听，也不得要领。原来这条船，与第一、二批的运输不同，那两条船，是专为载运文物，由南京开出，一直运到基隆；这一条船却是附运性质。他们由南京开出之后，第二天到达上海，船就开到高昌庙的江南造船所去修理，修了八天，由上海开出，开往定海，在那里停了三天，十四日驶马尾，二十一日离开马尾，才往基隆开，二十二日始抵达基隆。绕了这样一个大圈子，费时二十四天之久，这是航行最长的一批。

船到的前两天，这里已得到了消息，调派了几个人到基隆去办理卸船装车的事，一直运到了台中的台中糖厂。我们知道，这是最后一批了。

三批文物，运到台湾之后，中央研究院的文物，完全留在杨梅，其余的都运到台中糖厂。不久，外交部的案卷，由外交部提走，留在台中糖厂的文物，就只剩下四个机关的文物，其箱数如下：

故宫博物院	二九七二箱
中央博物院	八五二箱
中央图书馆	六四四箱
北平图书馆	一八箱

总数是四千四百八十六箱。

文物运台的时候，运输事宜，是由参加的五个机关——故宫博物院、中央博物院、中央图书馆、中央研究院历史语言研究所、外交部，组织五个机关的联合办事处办理一切事务。文物到台以后，中央研究院历史语言研究所已经迁来台湾，而且该所文物，是在杨梅，就与这个联合办事处分离开了，其余的四机关组织了"中央文物联合保管处"。

外交部的文卷运走，教育部的中华教育电影制片厂电器教材一批又运来了。

三十八年（1949）七月三十一日，杭立武先生来台，那时他已是教育部部长，向大家宣布，政府为适应战时环境，节省人力物力起见，把故宫博物院、中央博物院筹备处、中央图书馆，及中华教育电影制片厂等四机关，暂时合并组织"国立中央博物图书院馆联合管理处"，成立委员会，由杭部长自行兼任主任委员。每一个单位，改成一个"组"。故宫博物院原隶属行政院，也暂时改隶教育部。

故宫博物院，从此改为"故宫博物组"，其余的，是中央博物组、中央图书组、电教组、总务组。

三十八年（1949）八月二十三日，联合管理处成立。北平图书馆托故宫博物院代运的文物十八箱，依照教育部所定的"联合管理处组织规程"的规定，是应该移交中央博物组保管，也就遵照规定，由这个博物组，移交给那个博物组了。

一九五四年九月，"中央图书馆"在台北恢复设馆，联管处少了一组，北平图书馆的图书十八箱，也奉令移交给台北"中央图书馆"。

一九五五年一月，联合管理处奉令改组为"中央运台文物联合管理处"，下分四组，是：故博组、中博组、电教组、总务组。同年十一月，电教组由台湾教育主管部门收回，剩下的只有两个博物院了，教育主管部门又公布改组为台湾"故宫中央博物院联合管理处"。

　　所有以上这些管理处，主任委员一职，都是由杭立武先生担任。到一九五六年八月，杭立武先生就任"驻泰国代表"，处理事务无法兼顾，才由教育主管部门改聘孔德成先生继任。

★ 苏轼《黄州寒食帖》（局部）（北宋）

★ 黄庭坚书七言诗（北宋）

★宋徽宗赵佶《耄耋图》（北宋）

★汝窑青瓷无纹水仙盆（北宋）

★刘松年《江乡清夏图》（南宋）

★刘松年《山亭高会图》（南宋）

★错金银提梁盉（南宋）

★墨玉笔山（南宋）

★ 黄公望《富春山居图·无用师卷》（局部）（元）

★ （传）黄公望《富春山居图·子明卷》（局部）（元）

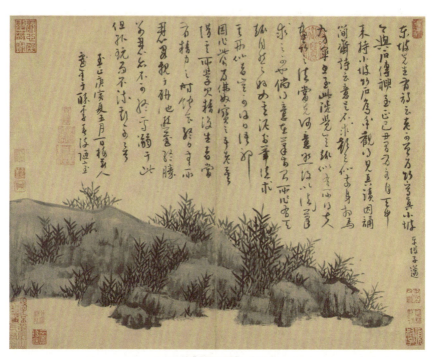

★吴镇《墨竹谱》（元）

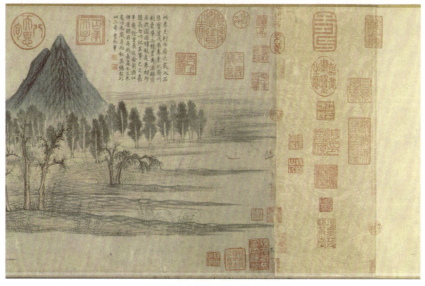

★赵孟頫《鹊华秋色》（元）

★赵孟頫《春山闲眺》（元）

★赵孟頫《张公艺九世同居图》（元）

★倪瓒《万壑秋亭图》（元）

故宫文物贮存台中

故宫文物迁运到台湾台中市之后，暂时借台中糖厂的仓库贮存，职员及眷属们都住在合作旅社，这笔开支是不小的。所幸台中糖厂自厂长以下，大家都热心帮忙，不但借地盖宿舍，而且代为绘图、招工赶修，很快就把宿舍修好，大家都搬了进去，而且还有一大间办公室，可以做些工作。台中糖厂同仁们的感情，大家是不会忘记的。

　　这一批大陆来的人，住进榻榻米的房子，大家都感到新奇，室内空空如也自然不成，就商量着买点家具，有人主张仍然买高桌子、高凳子，整天盘腿坐榻榻米，怎能习惯呢？又有人主张买竹桌、竹椅，因为这次来台湾，不会很久，买木家具，走时丢了可惜。这些意见都被接受了，大家分头去买竹器。又谁知在这里，会这么长久呢？

　　这次运来的箱数，比起南迁时要差得多，但是重要的东西，大都是在这里了。起运之时，知道无法全部运出，我们不打算运来的，书画是：

　　一、御笔书画，完全是清代皇帝们的作品，以乾隆为最多，在艺术价值不高，没有尽先抢运之必要。散在各书画箱中的不计外，整箱装御笔的有二十六箱，计二千四百二十四件。这二十六箱不拟起运。

二、近代的墨拓，有二百一十九件，也是没有大的艺术价值，不拟起运。

三、法院检查易案，认为有由法院扣押，另箱封存的，有五百九十四件，这些书画，我们不能起运，事实上，大部分是赝品。

以上三项，共是三千二百三十七件。

我们运来台湾的，是：

法书	九〇六件	名画	三七四四件
碑帖	二九〇件	缂丝	二二四件
成扇	二九四件		

以上共计五千四百五十八件。

把不拟起运的和已经运到台湾的加起来，共是八千六百九十五件，比南迁件数的九千余件，只少三百件，这三百多件是清代臣工应制之作。

再谈铜器，南迁的铜器，是五百七十二件。此外还有铜镜五百一十七件，铜印一千六百四十六件，总数是二千七百三十五件。运到台湾来的铜器、铜镜、铜印，总数是二千三百八十二件，所差不过是次要品三百余件。

瓷器在南迁文物中，是数量最多的一类，总计是二万七千八百七十件。这里面有宋代以来名窑作品，也有宫中使用的瓷器。例如外东路的宁寿宫与皇极殿一带所存的瓷器，都是在江西景德镇所烧，供宫中使用的，仍保存一桶一桶的样子堆放在那里，南迁时把"桶"改成了"箱"，这种瓷器，虽也相当精致，并不能视为上品；又如盆库里的花盆，是备宫中种花用的，也非精品。这次运台，上述两种瓷器，都未起运，选精品运来，像宋代汝窑、官窑、钧窑，以及清代的珐琅彩瓷（俗称古月轩），尽量运来，总计是一万七千九百三十四件。

图书方面，南迁数量是一千四百一十五箱，运来台湾的是一千三百三十四箱，只有八十一箱未进来。这八十一箱是：

一、十五箱内的文物，已经提出装入疏散到安顺的八十箱中，而安顺的八十箱，已全部运来台湾，也就是说，这十五箱文物也运到了台湾。

二、藏经六十六箱，在第三批文物运台时，本已运到南京下关码头，准备装运，临时因为船不能容纳，又被退回库房。

存在南京的图书，几乎是全部运来了，其中重要的大部头书如下：

一、四库全书　清乾隆三十七年（1772），诏开四库全书馆，编纂《四库全书》，把宫中所藏，以及向海内征求的书，命馆臣选择缮录四份，分存在大内、沈阳文溯阁、圆明园文源阁、热河行宫避暑山庄文津阁。历十年之久，才告完成。选定的书，凡三千四百六十种，计七万九千三百三十九卷，分经、史、子、集四部。以后又续钞三部，分存在镇江金山寺的文宗阁，扬州大观堂的文汇阁，杭州圣因寺的文澜阁。这七部的存佚情形如下：

　　　文渊阁　就是故宫博物院所藏的这一部，是《四库全书》的第一部，缮写最精细，里面还少不了有粘补后，没有把改正的填写上去的情形，其他三部中，有半页空白，忘记绘图的事，可见那时候的人，做事免不了马虎。这第一部成于乾隆四十六年（1781），写好后就存入文渊阁。

　　　文溯阁　《四库全书》的第二部，存在沈阳。民国三年（1914）曾运到北平，民国十四年（1925）又运回沈阳。

　　　文源阁　《四库全书》的第三部，存北平西郊的圆明园，咸丰十年（1860）英法联军入北平，焚烧圆明园，被毁了。

　　　文津阁　《四库全书》的第四部，原存热河避暑山庄，民国四年（1915）运到北平，现在保存在北平图书馆。

文宗阁　续钞三部之一。道光二十一年（1841），鸦片战争，遭英军毁损一部分，到咸丰三年（1853），太平军陷镇江，完全被毁了。

文汇阁　续钞三部之一。咸丰四年（1854），太平军陷扬州，完全被毁。

文澜阁　续钞三部之一。咸丰十年（1860），太平军陷杭州，建筑物倒了，书也散失。当时的藏书家丁甲、丁丙兄弟，冒险收了八千一百四十册。光绪六年（1880），重建文澜阁，丁氏兄弟送还阁中，以后经续收补钞，大体复原。抗战时曾运到四川，现在不知存放何处？

运到台湾的，仅有故宫博物院这一部，弥足珍贵。

二、四库荟要　是由《四库全书》中摘钞的，便于皇帝随时阅览，共录了四百七十三种，钞成一万一千一百七十八册，分成二千零一函。共缮写了两部，一部存宫中御花园的摘藻堂，一部存圆明园的味腴书室。装潢比《四库全书》讲究，缮写也比较工整。圆明园的一部，已随《四库全书》被毁于英法联军之役，现在只存摘藻堂这一部，已被故宫博物院运来台湾。

三、天禄琳琅　是存在昭仁殿的一批善本书，全部运来台湾。

四、宛委别藏　是四库全书编纂完成以后，又在江南续得的书，由阮元进呈，无法再补进去，就把这批书籍，定名为"宛委别藏"，又叫"四库未收书"，凡一百七十三种，其中除数种是刻本外，其余都是朱阑玉楮，景摹精钞，名贵不在旧版之下。

五、观海堂藏书　是民国十五年（1926）由政府移交给故宫博物院的，凡一万五千五百册，原收藏人是宜都杨守敬。在前面我们已经谈过，杨氏在光绪五年（1879），随同何如璋出使日本时，正值日本变法维新，对于古书，弃之如敝屣，杨氏乘此机会，搜罗不少，到光绪十年（1884）返国时运回国来，其中多有中国久佚之书。民国四年（1915），其遗族以国币三万五千元，鬻于政府，一部分拨交松坡图书馆，一部分存在集灵囿。民国十五年（1926）拨给故宫博物院。这次也全部运来台湾。

六、图书集成　是清代铜活字版印刷的。故宫博物院有《图书集成》三部，每部五千余册，分存文渊阁、皇极殿，及乾清宫，现已全部运台。

此外，殿本书运来的，有三万六千九百多册，方志有一万四千二百余册。存台图书总数是十五万七千多册，不能说不是很大的收藏。

唯有文献方面的数量比较少，当时的想法，每一种史料，都有几百箱之多，而且多是未经整理的，抽运若干箱，会把整个的资料拆散，在起运第一、二批文物时，就没有考虑到运些档案。第三批虽然运出一些，又因为船上装不了，被退回去，所以在台总数是二百多箱，不及南迁箱数的十分之一，其中包括有：军机处档、宫中档、清史馆档、实录、本纪、起居注、诏书、图书等。

现在把存台文物的类别、箱数、件数，列表于后。表中所列"件数"，是根据初来时的统计，书画册页以一册为单位，未照册中每幅计算；档案因为尚未整理，照文献馆南迁清册中的计算方法，以每一箱为单位。

一、古物馆部分

铜器	六一箱	二三八二件
瓷器	八九五箱	一七九二四件
玉器	一〇三箱	三八九四件
书画	九四箱	五七六〇件
漆器	三四箱	三一八件
珐琅器	七〇箱	八一七件
雕刻	八箱	一〇五件

文具	二四箱	一二六一件
杂项	一四五箱	一九九五八件
合计	一四三四箱	五二四二九件

二、图书部分

善本书	八三箱	一四三四八册
善本佛经	一三箱	七一三册
殿本书	二〇六箱	三六九六八册
满蒙藏文书	二三箱	二六一〇册
观海堂藏书	五八箱	一五五〇〇册
方志	四六箱	一四二五六册
实录库藏书	六箱	一〇二一六册
		又六九三页
四库全书	五三六箱	三六六〇九册
四库全书荟要	一四五箱	一一一六九册
图书集成三部	八六箱	一五〇五九册
藏经	一三二箱	一五四册
合计	一三三四箱	一五七六〇二册
		又六九三页

三、文献部分

宫中档	三一箱
军机处档	四七箱
实录	二箱
清史馆档	六二箱
起居注	五〇箱

图书	一箱
诏书	一箱
杂档	二箱
本纪	八箱
合计	二〇四箱

以上这些文献箱中文物，到台以后，曾经清点一次；大部分是以一捆为一件计算，查出的总数是二万八千九百二十件。这仍不是一个准确数字，因为捆有大小。所以后来在文物运到台北以后，又重新清理，每一个折子为一件，比较确实多了。

以上三个部分的文物，文献部分照初来台湾时统计的数字计算，存台文物总数是二十三万八千九百五十一件。

文物安顿好了以后，第一件事要办的，是把这联合机构组织起来。那时，杭立武先生是教育部部长，做起事来比较方便，由教育部呈请行政院，把迁台的故宫博物院、中央图书馆、北平图书馆、中央博物院筹备处，及中华教育电影制片厂，暂时合并为"中央博物图书院馆联合管理处"（简称联管处）。经三十八年（1949）六月三日的行政院第六十五次会议通过，联管处就在三十八年（1949）八月三十一日正式成立。

联管处成立之后，内分设四组，是：一、故宫博物组，二、中央博物组，三、中央图书组，四、教育电影组。北平图书馆文物，原是托故宫博物院代为运来，没有职员随同押运，而且数量不多，不另设组，委托中央博物组代为保管。各组职员工友的分配，都是各机关原派押运职员及工友。另设一总务组办理事务工作。又添设一委员会，负统筹管理之责。委员及各组主任如下：

委员会主任委员　杭立武

委员会委员　王德芳　于升峰　陈宗熙　杨师庚　英千里

委员会常务委员　王德芳（在职不久，改任熊国藻继任）

故博组代理主任　庄尚严

中博组代理主任　谭旦冏

中图组代理主任　顾　华

联管处成立之后，第一件事是编造运台文物清册。故宫博物院原有存沪文物点收清册，每箱文物，不但登记了品名、件数、附件，而且有详细的记载。例如书画，记载它的尺寸、质地、题款、题跋、著录、设色或水墨……器物就记其尺寸、重量、特征、款识，非常详细。只要把箱数说出来，立刻可以找出这箱的账册，看清楚箱中是什么东西。联管处为了向国人有所交待，特别缮造一份各组运台文物清册，故宫博物组的清册，就是照"存沪文物点收清册"抄录的，仅写品件、件数，及附件。因为大家努力的关系，这项工作一个多月便完成了，油印许多份，分送各位理事，并留处备用。

另外一件重要事，是添做新箱。故宫博物院南迁文物箱件，本来就有两种，一种是定做新箱，一种是原装香烟的旧木箱，这种旧木箱，在抗战时东迁西移，已多破损，不得不改装新箱，联管处决定为故宫博物组添制一百个新箱，把破坏最甚的箱件换下来。可是，经手人没有经验，并没有问一问用什么样的木头适宜，而盲目地采用了"杂木"，为的是便宜。结果，都生了虫。这与我们在峨眉时的情形一样，刚到峨眉不久，我们为准备修箱、换箱，定购了一批木料，我们知道原来的箱木是松木，所以也定了松木，孰知四川的松木，与北方不同，质料既硬又重，钉钉子时又容易裂开，这个情形，也是后来才知道，未买之前，为什么不打听打听？现在故宫博物院箱件中，有那些箱子小而非常重的图书箱，那就是我们的"杰作"。

文物到台之后，台湾"故宫博物院"及"中央博物院""两院"的理事会在台理事曾开过一次谈话会，商量这一批文物的保管事宜，那是一九五〇年一月二十三日在台北举行的，大家商定如下：

一、"两院"在台理事甚少，不便行使职权，建议台湾当局为应目前需要，组"两院"共同理事会，代行两理事会职权，并兼理台湾"中央图书馆"及北平图书馆存台图书。

二、"两院"原有在台及其他区域理事，仍可继续外，可酌加聘理事若干人，以加强组织，并建议下列人选，供台湾当局考虑：陈诚、吴国桢、黄朝琴、陈雪屏、杨肇嘉、陈宗熙，及李敬斋、李锡恩、孔德成、董作宾诸先生。

会后，由台湾教育主管部门把"两院"理事谈话会纪录呈报台湾行政主管部门，后又拟具台湾"故宫中央博物院"共同理事会组织规程草案，原有理事名单，建议人选名单。

一九五〇年五月十日，台湾行政主管部门公布了"两院"共同理事会组织规程，一九五〇年六月七日，台湾行政主管部门第一三五次会议，决定了理事人选：

吴敬恒	胡 适	蒋梦麟	王世杰	朱家骅	张 群
马超俊	傅斯年	张道藩	罗家伦	杭立武	吴国桢
黄朝琴	丘念台	陈雪屏	李敬斋	陈启天	田炯锦
黄季陆	余井塘	程天放	李 济	黄建中	

一九五〇年七月十七日，"两院"共同理事会成立，举行第一次会议，推李敬斋理事为理事长，王理事世杰、朱理事家骅、傅理事斯年、罗理事家伦、丘理事念台、程理事天放为常务理事，杭理事立武兼任秘书。

文物存在台中糖厂，本是临时办法，制糖时期，糖厂也需要这些仓库；而理事会的理事们，又认为台中糖厂烟囱高大，地近火车站，并不安全，主张选择离开市区，选郊外靠近山麓的地方，自建仓库。联管处各单位主管，便分别到各处去找寻适当的地点，大家努力的结果，选定了三处，供理事会选择：

一、台中县番子寮山麓。

二、台中县雾峰乡吉峰村北沟山麓。

三、台中县雾峰乡旁山麓。

对以上三个地点，赞成采用第二项所列地点的人为多。当由杭"主任委员"陪同"两院"理事蒋梦麟、傅斯年、马超俊、张道藩、罗家伦等亲赴三地视察，他们也认为北沟地势较高，背后是山，而且附近没有住户，消防、警卫，都较方便，决定采用了这个地点。

联管处当即与地主林攀龙洽商。这里的土地，是一〇·七五七五甲，土地上的建筑物，有林氏住宅一栋，工人住房十二栋。当经商定，所有土地，租与联管处，租金每年新台币一千二百元，租期十年，一次付清；地上建筑物，则售与联管处，全部房价新台币四万元，外加佣金百分之三，计新台币一千二百元，总计四万一千二百元。在一九五〇年一月间，双方正式签约。

联管处对库房的建造及原有房屋之分配，作了如下的计划：

一、在中间平地，建造库房三栋，每栋大小，以容纳一千六百箱为准，三栋形式，略成品字形，正中一库，准备由"中博""中图"两组使用，三分之二地位，存"中博"文物，三分之一地位存"中图"组文物，中间用砖墙隔开，以明责任。两旁两库，完全交"故博"组使用。

二、新建办公室一座，里面附一照相暗房，原计划由三组共用，可是房屋太小，无法容纳，"故博""中图"两组改在库房里办公，这间办公室便由"中博"组单独使用。

三、新建宿舍两栋，每栋分为四家，大家不惯于住榻榻米的房屋，这次改用水泥地，建筑完毕后，由各组主任及负责保管人居住。

四、地主林攀龙原住房屋，改为招待室，供理事来视察时居住。

五、其他工人房屋，改为警卫室及警卫人员、工友之宿舍。

这个分配，报请主任委员核准之后，提经"两院"共同理事会同意，理事们并认为一般包商，多不可靠，主张交由台湾省台湾工矿公司承办。联管处遵照这个决定，与工矿公司台中工程分公司签约，约中规定在一九五〇年四月十四日以前竣工。

工程进行，非常顺利，提前在四月九日完工，联管处的次一步工作是搬迁了。

运输工具，有人主张用台糖公司的小火车，由库房运出，可以直接装入火车，可是到北沟之后，要再换用其他车辆，接运入库，多一番起卸工作，最后还是决定用汽车载运，在台中糖厂装车后，一直运到北沟仓库门外，卸入仓库。

起运日期，原定是一九五〇年四月十日，不巧天公不作美，连日阴雨，到了十三日，天气放晴，就开始起运。运输情形如下：

一、四月十三日到十八日止，运故宫博物组文物，东边的一个库房，存古物、字画之属，共一五一三箱；西边的一个库房，存图书文献之属，共一四五九箱。

二、四月十九日到二十日止，运"中央博物组"文物，及北平图书馆文物，存入正中库中西半边，共是"中央博物院"文物八五二箱，北平图书馆文物一八箱，"河南博物馆"文物三八箱，"江西省政府"文物一箱，日本归还文物三箱，以上共计九一二箱。

三、四月二十一日到二十二日，运"中央图书组"文物，存入正中库中东半边，计文物六四四箱。

总计北沟库房共存文物箱件数，为四千五百二十八箱。

库房保管办法，完全采用故宫博物院既有成规办理，例如：库房钥匙，指定专人负责，每日开启必须验明封条有无破损，工作完毕，库门加锁加封；开启箱件，用出组办法，必须有二人以上参加工作等，都是故宫博物院一向采用的办法。至于箱件堆置，则采用峨眉办事处的方法，先做许多"凹"字形的木墩，把长木杠之下，架许多木墩，两根长杠为一排，上面堆箱，下面可以通风。

至于消防设备，傅理事斯年建议，在库后半山地点，修建一个蓄水池，把库房前坡下小溪中的流水，用电力输送到池中，然后分设水管，加装水龙，作为消防之用，并可以供住在北沟职工使用。装设之后，不甚理想，上冲水力，勉强达到屋顶，以后又购到救火车一辆，颇为有效。消防设备，除此之外，工矿公司又赠送人力救火机一部，联管处又自购药沫灭火机十架，已然是很充实了。

一切安定之后，故博组的同仁，认为总要找一些工作才好，大家商定重编《石渠宝笈》与《秘殿珠林》的目录。

《石渠宝笈》与《秘殿珠林》，是著录宫中字画的书，凡是宫中所藏有关宗教的画，都著录在《秘殿珠林》里面，其余的书画，一律著录在《石渠宝笈》里面。两种书都有初编、续编（又叫重编），及三编。这三部书的成书年月及主编人如下：

一、《秘殿珠林》初编　乾隆八年（1743）十二月开始编辑，完成于乾隆九年（1744）十月，主编人是：张照、梁诗正、励宗万、张若霭。

二、《石渠宝笈》初编　乾隆九年（1744）二月开始编辑，成于乾隆十年（1745）十月，主编人是：张照、梁诗正、励宗万、张若霭、庄有恭、裘曰修、陈邦彦、观保、董邦达。

三、《秘殿珠林》续编及《石渠宝笈》续编　乾隆五十六年（1791）正月开始编辑，成于乾隆五十八年（1793）长至，主编人是：王杰、董诰、彭元瑞、金士松、沈初、玉保、瑚图礼、吴省兰、阮元、那彦成。

四、《秘殿珠林》三编及《石渠宝笈》三编　嘉庆二十年（1815）二月开始编辑，成于嘉庆二十一年（1816）闰六月。主编人是：英和、黄钺、姚文田、吴其彦、张鳞、顾皋、朱方增、吴信中、龙汝言、沈惟侨、胡敬。

这几部书，初编所记，非常简略，续编以后，记载颇为详细，都是一百余册的巨著。初编与三编，成书的时代，相距七十余年，主编的也不是一人，体例自难一致。但是这三编，有一共同之特点，是它们的分类，既不以作者姓名分，也不以时代或作品性质分，而以该件所藏的地点分，查找十分不便。这里把这三部书的编辑情形，较详细地说明一下：

一、初编是以所藏宫殿为单位，如乾清宫所藏书画，都列在"乾清宫"这一部分记录下来，而在书画上钤盖上一方"石渠宝笈"或"秘殿珠林"印，表示这幅画已经著录了；下面再钤盖上"乾清宫鉴藏宝"印。如果我们看到一幅画，上面有这两方印时，便到《石渠宝笈》或《秘殿珠林》初编，乾清宫这一部分，去找它的著录。但是，乾清宫这一部分，分成数卷，要在每卷前面的目录上，逐卷查找，检查到了，下面又没有页数，要估计其地位，大约在什么地方，去寻找它，这实在是不方便。至于编辑方面，把书画分为"上等"及"次等"两种，上等的记载较详，例如一幅画，记出它的画景、着色或水墨、款识、题跋、作者印章、收藏印章、宫中宝玺等；而在次等，记载非常简单，有时仅有"着色画"，或"水墨画"三字而已。有时为找一幅画的著录，费了好多事，才把它找到，结果看到的只有这三个字，岂不令人大失所望。

二、续编著录的字画，不分上等次等，全书在卷首编列总目，每件之下，注明藏某处；在书画上面，钤"石渠宝笈""石渠宝鉴""宝笈重编"，书画上钤有这三方印时，便是续编中著录的。可是，书的内容，仍以收藏宫殿为序，你在总目上，查出这幅画收藏在什么宫殿之后，便要到这宫殿的部分去找，每一宫殿字画，多的常是分载在十数册中，也与初编一样，很费时间，才能找到。

三、三编著录的书画，也不分上等次等，在书画上钤"石渠宝笈""宝笈三编"印，全书有总目，每卷有分目，初编、续编的不便是没有了，但书画多时，每一宫殿的书画，分载在数册或数十册中，也要逐册去查；书画少的，数卷合订一册，连续装订，也要逐页翻检，仍不方便。

这两部书，是故宫博物院书画的保管与编目上，最重要的参考书，必须使它便于应用，遂有重编目录的计划，重新排比，暂作为工作上索引之用，将来时局稍安，两书各有影印的机会，也可以附诸卷末，供艺林研究参考之用。

★明熹宗坐像（明）

一宿因慳蓮出饒调聊以
识况陷害時我作陶畟音
何必尊前面發红唐寅

★唐寅《陶谷赠词图》（明）

★董其昌《秋景山水》（明）

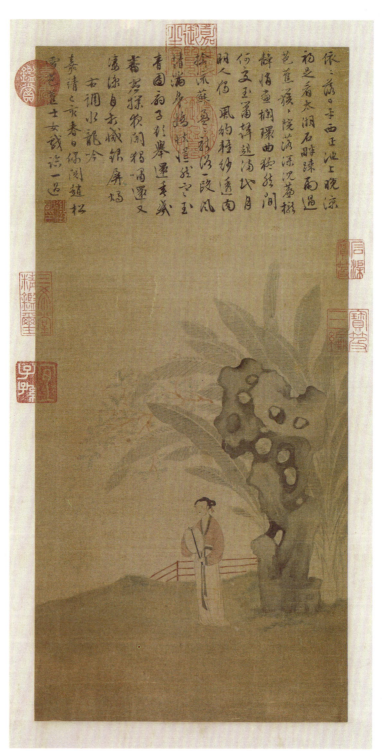

★文徵明《蕉荫仕女图》（明）

★雕竹达摩故事笔筒（明）

★丁观鹏《莲座文殊像》（清）

★ 镀金镶珊瑚松石坛城（清）

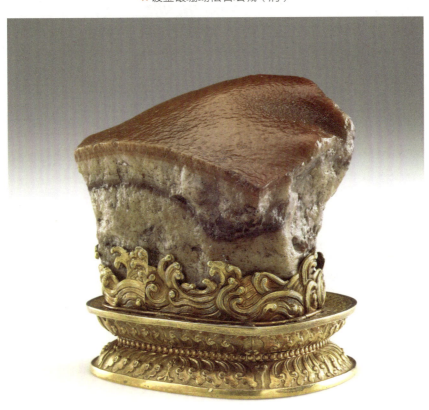

★ 肉形石（清）

★翠玉白菜（清）

故宫文物运台后的编辑工作

故宫博物院的文物，在抗战期间，移存后方，除了把书画、图书，随时提出晒晾之外，其他箱件，不准开启，工作限于保管；这次运来台湾，却是做了不少工作，我们先从编辑流传说起。

　　首先开始的，是中国文物影集。一九五二年十一月台湾教育主管部门想举办社会教育的扩大运动，就想起联管处这一批文物来了，和联管处商量，把所藏文物精品，摄照影片五百张，每张写出说明，在台湾各地展出。双方商议的结果，由台湾教育主管部门办理展览工作，所有选件、摄照、编写说明的工作，均由联管处负担，定名为"中国文物影集"，这个名字，好像是书名，事实上它只是一个照片展览。全集分十四组，是：甲骨、铜器、石刻、漆器、陶俑、简牍、卷子、版本、文献、书画、织绣、画像、玉器、剔红。

　　有了"中国文物影集"的启示，一九五四年，联管处的同人，便计划印一部书出来，大家费了不少脑筋，讨论范围、书名、经费等问题，后来决定印五本为一套，这五本中，分印铜器、法书、名画、瓷器、版本；经费由杭主任委员向亚洲协会借款；书名的意见最多，最后还是采用了王理事长云五的建议，定为《中华文物集成》。当时有人不赞成"集成"二字，认为仅是五百件东西，说不上"集成"，倒是王理事长有生意眼光，他认为书名可以影响销路，还是用"集成"可以广招徕，就这样决定了。

于是大家忙着工作起来，等到相片照好，说明写好，样本做齐，发生了一个问题，是台湾印刷，在那时还不够水准，非到香港去印不可，如何印法？起初，想托王理事长的亲戚，当时任香港书店经理徐应昶先生代办，徐先生因为事忙，不肯答应，非派一个人去不可，这工作便落到我的身上。

有一天，杭先生告诉我：一、徐应昶先生任商务印书馆香港分馆经理多年，对于印刷十分内行，所以你不必担心印刷问题（因为我不懂印刷，曾经表示不愿担任这项工作），将来印得好坏，你没有责任，印刷方面的事都和他商量。二、处中经费有限，不能照政府出差旅费的规定支领旅费，现在已经王理事长核定，每月支港币二百五十元。三、在香港，有王理事的侄儿，可以帮些忙，每月付他港币一百元。

我到了香港，见到了徐先生，他是一位忠厚的人，待人也很亲切，告诉我，香港的生活，天天在涨，如果你住在旅馆，每天要十几块钱，饭钱会更多，因为你不会说广东话，不能上小馆子，倒不如住在我这里，我有一间房，本是出租的，现在没有人住。至于你付我多少钱，我们问王云老好不好？我立刻赞成，因为处里每月只给我二百五十元，王云老的回信，不会叫我赔本。

第二天，徐先生便找到一个制铜版的工厂，开始工作，约定每日上午送样张、取稿子，下午我可以自由活动。所制成绩，徐先生认为不错。

过了几天，回信来了，叫我每月付徐先生，食宿费二百元，佣人洗衣费十元。我照办了，徐先生并没有得到便宜，我却每月只有四十元零用。

铜版制好后，徐先生陪我到几个印刷厂去接洽付印，价格超过预算太多，由徐先生把估价情形报告了王云老，主张追加预算，回信说：预算无法增加，找一找小印刷厂试试看，最后找到了一家，估价与预算相近，但徐先生断定绝不会印得好，为了预算，只好将就。印出之后，成绩果然不佳，但在那时，这一类的刊物不多，出版不久，完全售罄。是不是"集成"二字的功效，我就不知道了。

一九五四年十月二十三日，"两院"共同理事会举行会议时，王理事世杰提议，把存在台湾的各种文物，包括书画、铜器、瓷器、玉器，及孤本书籍等，编制详细目录。书画一项，并限在四至六个月内完成。到会理事，对这个提议，一致赞同。

书画目录的编辑，被列作首要，定名为《故宫书画录》。

编辑之前，必须先定有原则：主持编辑工作的，是王理事世杰、罗理事家伦，及蒋谷孙先生，由他们商定，故宫书画，并不是完全真品、精品，把那些真品、精品，应当详加记录，作为"正目"，赝迹及不精之件，只写品名，不及其他。他们规定了选入正目的标准，约有三项：

一、历代名迹，作者的真实性没有疑问的；

二、历代名迹，作者虽然未易确定，而作品本身，自具价值，或是流传有绪的；

三、明清诸家作品的真而精的。

原则虽定，但是哪一件应当入"正目"，哪一件应当入"简目"，非由三位主持人一一看过不可，而故宫书画，除了墨拓、缂丝，及成扇不计外，还有四千六百五十件之多，这个数字，是把每一本册子，当作一件计算，若是把册中每一幅画作一件计算，数目远不止此，所谓"限在四至六个月完成"的话，这个期限，就是他们的审查工作，也完不了，因为他们也不能长期留在台中。

三位先生数度来台中，审查一部分之后，我们——庄尚严、吴玉璋两先生，和我，也开始了编辑工作，编辑办法，是由他们三位主持人规定的：

一、全书正目分"法书""名画"两类，每类别为卷、轴、册，再按时代前后，先列个人作品，次列合作之件，最后是集锦之作。南薰殿图像另列一卷，其分卷情形如下：

卷一	法书卷	卷二	法书轴
卷三	法书册	卷四	名画卷
卷五	名画轴	卷六	名画册
卷七	南薰殿图像		

二、被审定列入简目者，均录入卷八，其分类与正目相同。

三、每件书画，均须与《石渠宝笈》或《秘殿珠林》核对，并用公尺量计尺寸，核对后完全抄录两书中原有的记载，冠以"石渠宝笈（或秘殿珠林）某殿著录云数字。如果著录中有错误，或有漏列，由编者在后面按语中更正或补入。

四、没有在两书中著录的书画，可能是入宫较晚的，由编者按照两书体例，自己编辑。

五、编辑体例，尽量求其一致，品名也在可能范围之内，稍加改动，例如品名中有"千字文"及"千文"，就一律改为"千文"。也有些不可强求一致的，如：

1. 书画品名，有的有"书"或"画"字的，有的没有，是无法强同的。例如"董其昌临古"变成"董其昌书临古"，或"董其昌书额"变成"董其昌额"，都不妥当；"画"字也是如此，"王诜画鹰"取消了"画"字，变成"王诜鹰"，"明人摹西园雅集图"加上一个"画"字，变成"明人画摹西园雅集图"，也都觉得不顺口。

2. 画中品名最下，有加"图"字的，也有不加的，也无法使它一律，例如"王翚山水"加个"图"字变成"王翚山水图"，或"王诜画鹰"取消一个

"画"字，变成"王诜鹰"，也都不妥当。

3. 目录中有集册集锦，其作者姓名，都依照《石渠宝笈》原则次序排定，次序便不一律了。例如在宋四家墨宝册中的排列，是"蔡襄、苏轼、黄庭坚、米芾"，而在宋四家真迹里，便是"苏轼、黄庭坚、米芾、蔡襄"，因为内容是迻写《石渠宝笈》，目录中只有依照内容排列，不能予以改动。

4. 十八罗汉一类的画，在清室善后委员会点查时，登记的方法，就不一致，有时把十八张画，集中一起编一个号，登记时写做"某人画十八罗汉十八轴"；有的碰到一轴登记一轴，十八轴便有十八个号；有的碰到几轴，就把几轴凑在一起登记一个号数，十八轴便有四五个或六七个号数，故宫博物院的账册，沿用着清室善后委员会的编号，没有改变过。这次编目，遇到这种情形，也就没有改动，以与账册符合。

这一部《故宫书画录》不但编辑了台湾"故宫博物院"的书画，也编辑了"中央博物院"的书画，混列在一起，而注以"中博"二字，以资识别。

这一部书中，列入正目的书画，共是一千五百八十八件，其余的三千四百五十九件，都被列入"简目"了。这项工作，是从一九五五年二月一日正式开始，到一九五五年九月七日编辑竣事，经理事会决议，把这个目录，列为台湾教育主管部门的中华丛书之一种，由中华丛书会出资付印，仍由台湾"故宫博物院"经办发稿及校对事宜。这部书在一九五六年四月间出版了。

这部书的编辑印刷，都是匆促而成，所以书画审查工作，在书画录出版以后，仍旧是随时进行，对列入正目的书画，品名及说明，都有改正；简目中书画，也有改列正目的。《故宫书画录》有重行改订的必要。这时，已印的已经售完，也需要再版，正好趁此机会加以修正。一九六四年秋，王理事世杰再赴台中北沟，与故宫同人，商定根据历年来审查结果，重行订正，并由我负此重行改编之责，改订的情形如下：

一、简目中所列书画，凡是在最近数年来审查，认为可以改入正目的，依照本书原有体例编写，加入正目之中。

二、原列在正目书画，有必须修改品名或说明的，都加以改正。例如卷四中，有"北宋朱锐赤壁图"一卷，原来是一幅无款的画，明项元汴题签作"北宋朱锐赤壁图，赵闲闲追和坡仙词真迹"，《石渠宝笈》从其说，定为朱锐之作。但是在元遗山集中，有题赵闲闲书赤壁词，最后说："赤壁图，武元直所画，门生元某谨书。"证明此图作者，是武元直，而非朱锐。武元直与赵闲闲（秉文），都是金人，以时以地考之，都相吻合。这次改订，改为武元直作。

三、正目中书画的说明，以前根据《石渠宝笈》及《秘殿珠林》移写。原书有极简单的，如"宋人宫沼纳凉"一幅，《石渠宝笈》著录，仅有"着色画"三字，而"宋人山斋邀客"，仅有"墨画"二字，此次改订，在编者按语中，略为补充，添注画景、印章、宝玺之属。

四、简目分类，以前间有错误之处，例如"明莫是龙供花闲语"卷，是一幅字，初版误入画卷内，这次予以更正。

五、一部分书画，以前混装于其他文物箱中，多不是精品，初版未予列入。后来为了便于保管，已然提归书画箱中，这次按其品类，列入简目之中。

六、其他遗漏的，或印刷上的错误，也一一补入或更正。

这项工作，始自一九六四年八月，完成于一九六五年五月。出版后在书名下加"增订本"三字。

书画目录印完，就想到印画册的事，因为故宫博物院在民国十七年（1928）起，就印了不少刊物，诸如《故宫书画集》《故宫月刊》《故宫周刊》等定期刊物，及各种书画专集，很受社会人士的欢迎，这次想影印名画，打算印二三百幅，不再像《文物集成》那样马马虎虎地付印，要宽筹经费，精印出版。理事会中，推定王理事世杰、叶理事公超、张理事其昀、罗理事家伦，负责筹备。筹备工作便是选件与编目，选件工作，由王理事世杰、罗理事家伦、叶理事公超，及蒋谷孙先生办理，编辑工作，由庄尚严、吴玉璋两先生和我办理。另外由美国聘来顾献梁先生担任译成英文工作。一切就绪之后，便是印刷问题了。在台湾，还找不到一个印刷局，可以做珂罗版印刷，决定在日本付印，派我与台湾"中央通讯社"的邓秀璧先生一同赴日本，参观一些印刷局并选择规模较大的数家估价。

我和邓秀璧一同到了日本。邓先生是一位摄影家，也懂印刷，我们看了不少工厂，决定请三家印刷局估价，由邓先生把估价单密封带回，留我在东京，等候签约。理事会开会时，认为大冢巧艺社的印刷技术，在战前已是有名，此次送来的样本，印刷颇佳，而且估价较另外两家便宜，就决定了由这一家承印，我把草约拟好，寄回经核定后，就在东京与该社正式签约，然后回台湾。

不久，大冢巧艺社派人来照相时，向我方说明，珂罗版印刷，在版制好之后，必须立刻付印，若是打好样张，寄来台北，经审查后，再寄回去，那块版已不能用，必须派一人驻在那里，负审查之责。于是经联管处决定，仍派我到日本去，做这个工作。我在日本住了八个月，等全部印好，我把样本带了回来。

这一部书，因为所收名画，是三百幅，定名为《故宫名画三百种》，印了唐画三十五件，五代画二十五件，宋画八十四件，元画六十一件，明及清初画八十四件，帝王像十一件，用日本著名的"鸟子纸"，珂罗版精印，部分是用彩印，大部分是黑白版。全书分装六册，两函，在一九五九年出版。

书印成前，香港开发公司曾要求海外总经销权，愿照七折付现款，倒是王云老是书局老前辈，告诉他们的总经理说，这样你非赔本不可，就按六折付款算了。事实上，六折也不会赚钱，他们还是赔了本。至于埠内经销，则由华国出版社担任，台湾"故宫博物院"福利社自己销售，也要向华国批购，听说华国倒是获利不少。

这一部书的选件，虽然也有人批评，那是见仁见智的问题，谈到印刷之精，规模之大，可以说是以前故宫出版物中所没有的。

名画既已付印，法书也不应落后，同时也被注意到，当时决定俟《故宫名画三百种》印好之后，就开始印法书。付印的方法，不再用印名画的办法，汇成一部书，是把每一人名迹，印成一册。故宫所藏法书，虽不如名画之多，这里面不少震铄古今、流传有绪的巨迹，按照时代，自晋起，依次选印，作品少的，把两人作品，合为一辑；作品多的，一本如果容纳不了，便分装两本或三本，仍算作一辑。在《故宫名画三百种》出版之后，就开始编辑付印，仍交由日本大冢巧艺社用珂罗版精印，第一本就是《王羲之墨迹》，由庄尚严先生编辑，第二本是《孙虔礼书谱》，由吴玉璋先生编辑，第三本以后，便由我编辑，一直编到南宋为止，元以后，改由江兆申先生编辑。所有摄照工作，都由谭旦冏先生担任，每本题签，都是庄尚严先生写的。

书画方面的编辑流传工作，做了不少，器物方面，瓷器、铜器方面，也在进行。

首先应当谈《故宫藏瓷》，这是一部印刷最精，完全印彩色的瓷器图谱。香港开发公司在经售《故宫名画三百种》之后，对于文物的印刷，发生兴趣，建议由联管处编辑、摄影，由他们的公司出资付印出版，全书一律印原色，说明用中英文两种文字。编辑方面由吴玉璋先生负责，摄影由谭旦冏先生负责，开发公司总经理张万里先生则担任编排监印及说明译成英文工作，他们真是不惜工本，印刷之精美，装订的讲究，颇为人所称道。

《故宫藏瓷》可以说是瓷器图谱，是从藏瓷中提选出来的精品，为了把故宫藏瓷的全貌，供诸社会，遂有《故宫瓷器录》之作，这是一部瓷器目录，加上简要说明，并没有图版。全书三辑，第一辑为宋元部分，第二辑是明代部分，第三辑是清代部分，每辑上编为台湾"故宫博物院"藏器，下编是台湾"中央博物院"藏器，上编由吴玉璋先生编辑，下编由谭旦冏先生编辑。

铜器方面，也有编《故宫铜器图录》之必要。铜器是"图录"，它是有图版的，分上下两册，上册与《故宫瓷器录》相同，每一件东西，都有简单的说明，下册完全是图版。这个办法，对于研究参考是很方便的。故宫中所藏铜器，大多见于清乾隆时所编的《西清古鉴》、《西清续鉴》甲乙两编，及《宁寿鉴古》之中。其在上列诸书中，未曾著录的，大都是嘉庆以后入宫之器，例如"散盘"，就没有著录。各书著录之器，分别存在宫中、盛京、避暑山庄等处。民国十三年（1924），溥仪出宫，凡是原存宫中的，由故宫博物院接收，存盛京、避暑山庄的，早在民国初年，已大部归诸古物陈列所，到民国三十五年（1946），拨归中央博物院。这些铜器，大部都运来台湾，"两院"共同埋事会，决定重新编辑付印出版。台湾"中央博物院"所收购的刘氏善斋、于氏双剑诊、容氏颂斋的藏器，也一并录入。上下两册，各分上下编，上编是台湾"故宫博物院"藏器，下编是台湾"中央博物院"。审查工作，由蒋谷孙、孔德成两先生担任，编辑工作，故宫方面由吴玉璋先生担任，中博方面由谭旦冏先生担任，我也参加了工作。

除以上所述之外，属于编辑流传工作，还有：

一、《"两院"概要》 这是一本小册子，把"两院"简史及"两院"文物收藏情形，简略地介绍一下，还用彩色版印入几幅藏品的图片。

二、《中国文物图说》 把存台文物，分门别类地，叙述其源流，每类物品，都有图、有说明。是"两院"同人集体合作编印的一本书。书中分十三类，由庄尚严、蒋雍两先生合写"法书"，谭旦冏先生写"铜器"及"中央博物院概况"，吴玉璋先生写"瓷器"及"漆器"，李霖灿先生写"绘画"及

"图像"，索予明先生写"雕刻""文具"及"织绣"，汪继武先生写"文物运台后展览工作简述"，我写"玉器""珐琅""图书""文献"及"故宫博物院概况"。我写得比较多些，因为我担任了这书的编辑责任，把找不到人写的，都自己写了。另有"绪言"一篇，"前言"一篇，都是当时的主任委员何联奎先生写的。

此外如复制名画、印制明信片，以及影印普及本的字帖，供学生临摹之用，品类颇多，不一一叙述。

值得一提的是文物影片的事。台湾"故宫博物院"对于照片管理，向来很严，在"文物照片赠送办法"的规定中，有三项要点：

一、申请照片之用途，以作研究参考用者为原则，其用以营利者，应得理事长或常务理事会之特准。

二、申请研究用之照片，其曾经本处发表，数量在十张以内者，由主任委员报请理事长决定之；十张以上者，得报请理事长或常务理事会核定之。

三、申请照片时，申请人应先填具申请表四份，经本处依照程序核定，方得办理。

这个规定是相当严了。所谓"数量在十张以内者"，一张也是十张以内，等于是说，只要你申请照片，就要等候理事长的决定，理事长是不是不胜其烦呢？依我的了解，理事会只是决策、监督的机构，而不是执行的，要一张照片的小事，也要理事长决定，真是把照片看得太重要了。

一九六三年，美国弗瑞尔美术馆（Freer Gallery of Art）的高居翰君（James Cahill）有一个建议，他愿意纠合同志，筹款来台，把"两院"文物选摄六千张，每张摄底片二份，一份存"两院"，一份存美国。这个建议的提出，引起各方不同的反应，赞成者的意见是：

一、"两院"对于保管文物，应当逐件有照片存查，我们限于经费，不能实现，这是一个好机会。

二、宣扬中国文化，不应眼光太小，如果这几千张照片，使外国人能有研究机会，他们发表了研究成果，对于文化宣扬是有利的。

三、世界局势，在动荡之中，谁能保证，文物永无损失？万一有了意外，还存有两份照片也是好的。将来不但在美国，在世界各重要国家内，都存有一份照片，也是应该的。

反对者的意见是：

一、"两院"联管处对于照片管理，素来很严，要一张照片，都要等理事长的核定，为什么把六千张底片准许人家照了去？

二、外国人能把我们文物照六千张去，我们能不能去照他们的文物？

三、六千张文物照片的底版，被他们拿去，我们对于照片，必致无法控制，将来我们的照片管理办法，只有管理我们中国人了。

理事会对这个问题，曾经仔细讨论过，决定了下列几点办法来：

一、存美国一份，应予限制，非经我方许可，不得印刷。

二、我方有此照片之后，须计划出版印刷。

三、我方所存底片，将在"两院"内设立机构，妥善保管，并供国内外学术团体及个人研究参考之用。

四、应请美方将美国各博物馆以往中国文物之照片底片一份，赠与我方，作为交换。

然后，决定了准许美方照相。

高居翰君在一九六三年十一月初抵台，十一月十三日开始摄照，到一九六四年四月二十三日照完，工作了五个月又十天。我没有参加这个工作，进行情形，不很了解，从《合作摄照文物影片计划实施报告》中，知所摄文物件数，是三千二百二十二件，其中属于台湾"故宫博物院"的，是二千六百九十九件，属于台湾"中央博物院"的是五百二十三件。每件所照底片，不限一张，例如一个手卷，一本册页，就要分摄数张，所以摄成的底片数，是五千三百九十五张。

编辑工作，积极进行之外，同仁研究的兴趣也很高。台湾故宫博物院同仁的研究情形，大致如下：

一、庄尚严先生做印章研究。台湾"故宫博物院"所藏书画很多，每一幅书画中，都有几方印章，这些印章，包括有：书画作者自己的印章，收藏家印章，宫中的御府印；有时还有官印。如果把这些印，加以整理、归类，做成一个印谱，便是书画的鉴赏家、收藏家很好的参考资料。庄先生向"中国东亚学术研究计划委员会"申请补助，做此项研究工作，为期二年，做了一份研究报告。

二、吴玉璋先生做瓷器研究。故宫藏瓷极多，吴先生把所有瓷器，编制卡片，根据卡片，予以分类，也得到了东亚学术研究计划委员会的补助，从一九六〇年起，到一九六二年止，做了三年的研究。

三、梁廷炜先生等做档案编目的研究。台湾"故宫博物院"所存的"宫中档案"，属于雍正朝的，本已刊有《雍正朱批谕旨》，但此书所录，并不完全，有的已经录入，有的未经录入，也有的是根本不拟录入的。台湾"故宫博物院"同人梁廷炜、应强、沈景鸿、张德恒诸先生，拟了一个研究计划，向"中国东亚学术研究计划委员会"申请补助，做集体研究，把雍正朝宫中档案，分年编制卡片，摄照影片，并作统计。一九六二年，编的是"未录"部分，计六千零二十九件，一九六三年编的是"已录"部分，计五千五百二十件；一九六四年编的是"不录"部分，计五千一百三十九件；一九六五年编的是"已录""未录"中以前未编过的，计三千三百四十八件，及康熙朝宫中档案二千八百三十件。

　　四、我自己的研究工作，初到台湾时，专心石鼓的研究。石鼓，是中国最古石刻，从唐代以后，研究石鼓文的非常之多，对于铭文的解释，石鼓的时代，众说纷纭，莫衷一是。我对于石鼓的临摹，早有兴趣，只怪自己的腕力不够，写出的线条好像面条，知难而退，而对石鼓的研究，迄未终止。抗战期间，石鼓移运川陕，复员还都，都是由我经办其事，旅居峨眉，石鼓就放在我办公室的外间，对于石鼓的爱护，与日俱增。从那时起，我就随时搜集资料，积之日久，材料也相当多了，一九五七年，我把石鼓的释名、沿革、年代、次序、字数、注释、摹拓，分七段述其概略，成《石鼓通考》一书，由台湾教育主管部门"中华丛书委员会"代为出版，在一九五八年印成。

　　另外，我的主要研究工作，是玉器。远在民国十七年（1928），故宫博物院办理文物分类集中时，我便经办集中玉器的工作，那时马院长叔平先生就建议我，好好研究玉器，并借给我一本《玉纪》，一本《有竹斋古玉图谱》。前者是讲玉材方面的，后者是日文本，我便找了好友王循诒先生合作，把它译成中文，译稿存之多年，一直到一九七一年，才由台湾"中华书局"出版。此后我就随时收集资料，不管人家说的对与不对，我一律收了下来。一九六〇年起，我得到"中国东亚学术研究计划委员会"的补助，从事整理这一批资料，经过两年的工作，编就《玉器通释》上下两册，上册专论玉器的形制、用途，下册论玉的一般问题，如分类、产地、采取、色泽、雕琢、发见、铭识、花纹，及图籍等九项。在一九六六年由香港开发公司代为出版。

　　此外，我还为台北广文书局的少年艺术丛书中，写了四本小册子，是：《毛公鼎与散盘》《中国的玉器》《皇帝的印玺》及《雕竹雕漆与雕牙》。

　　台湾"故宫博物院"与"中央博物院"同仁，还有一项集体合作的研究，是编辑《晋唐以来书画家收藏家款印谱》的工作。这是由于庄尚严先生的"印章研究"工作所引起的。庄先生是做了举例性的研究，香港开发公司总经理张万里先生来台时，大家谈起此事，都有兴趣，于是大家商量，把故宫书画中真迹上面的款识、印章，一一摄影下来，分类编成一部款印谱，由开发公司出资付印出版。当时工作的分配计划，是庄尚严、张德恒两先生编元代以前部分，吴玉璋、蒋雍两先生编清代部分，我与吴凤培先生编明代部分，谭旦冏先生摄照，张万里先生做英译工作，梁廷炜先生做提件工作，这个计划报告了当时的主任委员孔德成先生，他也很赞同，并决定由联管处与开发公司订约。这个工作，一直到文物迁运台北之后，才告完成。

故宫文物运台后的赴美展览

故宫文物迁到台湾之后，发生了一个大的问题，是中外人士，要求参观。有些"友邦"人士，不远千里而来，想要看看我们的国宝，也有人专程而来，想要看某一个人的画，或是某一窑的瓷器，在无法拒绝的情形下，只有在库里，找一个较宽的地方，用木凳支起木板，上面铺上白布，提出一二十件东西陈列起来，作为招待。

　　库房里堆满了箱子，一行箱子与另外一行箱子间，有一个走道，备提箱之用，是无法支起台子来的，只有对着库门那一个走道比较宽，当中支起台子摆器物，两边的箱子上挂画。成为一个简单的陈列室。

　　外国人能看，中国人为什么不能看？有力的人，也要求参观。于是每星期之内至少有两三次的招待，展览时由箱里拿出来，照台湾"故宫博物院"开箱的规则，要具备出组手续，提出东西陈列，要在箱里放提单，展览完毕，当天要归箱，真是不胜其烦。而一般人士，既非黄发蓝睛，又非有力的人，没有机会看看，难免有人议论。

　　主任委员杭立武先生看到这种情形，非设法有个公开展览的地方不可，他曾向台湾当局要钱，台湾当局无款可拨，他向美国的亚洲协会商量要求补助，亚洲协会虽是乐于帮忙，但提到理事会报告时，有人大不赞成，认为中国宝物，公开展览，不自己筹款，乞求于外国人，这是"国耻"，万万不可。杭先生为难了，他只好再到台湾财政主管部门，说明这种情形，再请拨款。台湾财政主管部门的人说得很妙：若是说到"国耻"，这"耻"的事可多了，我们中国人去美国进修，学术的研究，杂志的出版，亚洲协会都予以补助，这是他们的工作之一，何以叫他们补助，不以为"耻"，请他们帮我们盖一所陈列室，就算"国耻"呢？结论是：还是没有钱，要盖就接受人家的补助吧！

结果，在一九五六年春，亚洲协会答应拨款新台币六十余万元，在库房的西边空地，建盖一座小规模的陈列室，占地只有六百平方尺，分隔为四个展览室。

一九五七年的春天，陈列室盖好了，那时杭立武先生因为就任"大使"准备出国，改由孔德成先生做主任委员，由孔先生把开放参观的计划，报告理事会，得到理事会的指示：

一、陈列室的开放参观，仅是应各界要求，是不得已的事，为文物的安全，不必大为宣传。

二、要划定参观区域，注意库房的警卫与安全。

三、售票地点应设在台中市两院联合管理处办公处。

前两条指示，执行上并无问题，不叫宣传，省些广告费，划定参观区域，使参观人不要到库房附近去，也是必要的措施；唯有这第三条，招惹来不少麻烦。

有人知道故宫文物公开展览了，携家带眷，跑来参观，除了住在台中市的人之外，也有由别的县市赶来的。一到大门，剪票的人向他们要票，他们便问在什么地方买票，回答说：在台中市南区复兴路联管处的办公室。人人都觉得奇怪，陈列室的地点在台中县的松峰乡，卖票的地点在台中市复兴路，这是什么人出的好主意？你们完全是向参观人开玩笑！有人就在那里破口大骂，也有人把钱往地上一丢，硬要进去；也有要打检票员的。开幕的那一天——一九五七年三月二十五日，北沟真是热闹的很。

所幸参观的人不多，没有发生什么意外，我认为那一位检票员，在人家辱骂的声中，陪着笑脸向人解释，真是难能可贵。

陈列室的旁边，有一个小摊子，卖些冷饮、杂食之类，看到这种情形，他在第二天清晨跑到台中市，买来几十张参观券，遇到发生购票纠纷时，他就过来，叫参观人到他那里去买，多收一些"跑路钱"。有的参观人为了省事，多花几个钱也就算了，有人便大喊大叫地说，原来你们是勾结着卖黄牛票，我非检举不可。

孔主任委员知道了这些事，心里想，现在外面知道公开展览的人不多，已然是如此热闹，以后参观的愈来愈多，也许会出意外，连忙跑到台北向各位理事报告，请示办法，努力的结果，允许在陈列室门前售票。

故宫博物院的文物公开展览的消息，很快地就传开了。人愈来愈多，天气愈来愈热，一入室中，就好像进入蒸笼，实在无法欣赏国宝。

我的一位朋友很聪明，他告诉我，如果在陈列室的右边，柳阴之下，搭起一个棚子，准备一些舒适桌椅，专卖冷饮，一定是好生意，叫我替他申请。我拒绝了，我的理由是：这种局面，不会长久，将来不会有这许多人看，而且我素来不愿管这种事。友人说我没有生意眼光，公路局的人会做生意，就要开辟台中到博物院的专线了。我说，那是他们想赔点钱。

我不是有什么好的眼光，判断以后参观的人不会多，是从参观人看过之后的批评来推断，他们不是说"没什么好看"，就是说"东西太少了，不值得看"，"这个就是国宝呀？""一回就够了！不再来了"……看后表示满意的真不多见，懂得的人，觉得陈列品太少，看不过瘾，不懂得的人，看不出器物可贵之处在哪里，索然寡味。果然参观的人，渐渐少了，公路局派一辆破车，每天空跑几次，至少汽油钱是赔了。

展览品的更换，倒是按期举行，每三个月换一次，新品展出，倒也有一些好古之士，前来参观，为数究竟不多。

此后的展览，在院外的展览，便连续而来，我们就一样样地说吧！

首先要说的是赴美展览，这是台湾"故宫博物院"的一件大事。文物出国展览，第一次是民国廿四年（1935），到英国伦敦，参加"伦敦中国艺术国际展览会"，在前面已经谈过；第二次是在抗战期间，运了一部分文物，到苏联去展览；第三次就是这次赴美展览了。

我感觉到前两次的展览，都没有一些详细的记载存留下来，很是可惜，便在参加这项工作完毕后，写了一本《中国古艺术品赴美展览经过记》，准备交赴美展览会付印，永存纪念。可是文物在美展览完毕，已经安全运回国来，好像是曲终人散，没有人再理会这不要紧的事，原稿存留至今，我自己也不过问了。

在这里，我不能把原稿抄录下来，我愿意尽可能把其中重要之点，加以叙述，作为纪念。

文物运美展览，从民国二十四年（1935）起，就有所接洽，那时文物赴英展览，很是成功，美国方面，就想把这一批文物也运到他们国里展览一次，当时没有得到我国的同意。以后又有接洽，始终没有实现。

到了一九五二年，美国《生活》杂志社亨利·鲁斯（Henry Luce）来台访问，对这件事很有兴趣，在一九五三年六月十六日，有上台湾当局领导人一电，申请此事，经复电表示"原则赞同"外，全案交由台湾当局领导人幕僚长王世杰，函送"两院"理事会讨论，"两院"共同理事会在一九五三年九月三日举行临时会议，赞同此事，并主张如果要做，就要做得好，有详慎讨论的必要。决议成立七人小组，商讨进行。他们商定了五项原则：

一、以伦敦艺展为蓝本。

二、须得美方政府之赞助。

三、以博物院为主要对象，并须有一适当组织。

四、展览日期，应有充分之准备。

五、美方如派专家来台选择物品，我方可予欢迎，但最后仍须经我方同意。

一九五三年十月至十二月之间，杭理事立武因公赴美，就便与美方接洽，拟就草约，携回讨论。接洽的博物院，是：

一、华盛顿国家美术馆（The National Gallery of Art Washington D. C.）

二、纽约大都会博物馆（The Metropolitan Museum of Art, New York）

三、波士顿美术博物馆（The Museum of Fine Art, Boston）

四、芝加哥美术馆（The Art Institute of Chicago, Chicago）

五、旧金山杨格纪念博物馆（The M. H. De Young Memorial Museum, San Francisco）

草约中把选件数量、展览日数等都规定了，我方正在继续商讨的时候，美方突然来电，以原定展览日期，来不及了，这事暂且缓办，我方也只好暂时搁置下来。

文物赴美展览的事，延缓办理的消息传出后，有许多美方人士，纷纷活动，希望仍能实现，台湾驻美外事负责人叶公超先生也与美国驻台湾代表蓝钦，及主管远东事务助理国务卿罗伯逊，有过商洽。在一九五六年十一月二十三日的"两院"共同理事会中，重被提起，对于文物赴美展览，原则赞同，请台湾当局做最后决定。一九六〇年三月十二日，叶公超先生，与美国国家美术馆秘书凯恩斯（Huntington Cairns）草签合约，文物运美展览的事，才告确定。

台湾行政主管部门为了此事，特别成立了一个"中国古艺术品赴美展览委员会"，大家都简称它作"美展会"，处理展览上各种工作。

台湾行政主管部门的新闻局在叶先生与美方签约之前（二月廿五日）发表说明，指出这次展览的重要性及接洽经过，事后台湾行政主管部门并发表了"中国古艺术品赴美展览办法"七条。

美国方面，在与叶先生签约之后，由国务院发表声明并表示这次展览，是在美国展览规模最大的一次。

事情确定之后，大家要开始忙了。

首先要解决的问题，是什么机关参加，原来商定的，是由台湾故宫博物院、台湾"国立中央博物院"与台湾"中央研究院"参加，美方并希望台湾"中央研究院"把安阳出土的一些大件铜器运了去。后来因为这些铜器，本来就破坏了，再加辗转迁运，有更加破坏的危险，于是台湾"中央研究院"退出这次的展览，而由台湾"故宫""中央"两博物院，提选文物参加。

展品的选择，先由台湾方面做初选，然后会同美方代表，共做决定。初选工作，在一九六〇年二月间，已经完成，美方代表来台参加复选的在三月二十一日来到台湾，他们的代表是：

璞博（John Alexander Pope），华盛顿弗瑞尔美术馆（Freer Gallery of Art）的副馆长，对瓷器有研究。

李佩（Archwin Lippe），纽约大都会博物馆（The Metropolitan Museum of Art）东方艺术部副主任，研究名画。

曾宪七，中国华侨，在波士顿美术馆（The Museum of Fine Art Boston）任职，研究名画。

台湾方面的委员，决定成立一个"展览审议组"，由王世杰、罗家伦两先生主持，所聘审议人员如下：

书画　庄尚严　马寿华　蒋谷孙　李霖灿　庄申庆

铜器　孔德成　高去寻　谭旦冏

其他　那志良　吴玉璋　顾献梁

美方代表到台之后，经过几次讨论，决定从四月十八日起开始工作，到四月二十九日工作完毕，经双方同意选定的品类件数如下：

名画	一一二件	法书	一○件
织绣	四件	瓷器	八五件
铜器	五件	玉器	一○件
漆器	八件	雕刻	八件
珐琅	一一件		

以上共计二百五十三件。展品选定，我们的准备工作就开始了：

一、编辑摄影　展览会中必须有一份比较详细的说明书，这说明书，是由美方编辑发行，由我方供给资料及照片，我们就要编辑成一份中文说明书，详列时代、尺寸，及必要说明。例如每一张画，要记它的时代与尺寸之外，还要说出它的质地，设色或水墨、署款、诗文、收藏印记，及题识等。每类文物，都有它必须说明之点。中文说明书写好，还要译成英文，交美方参考。每件出品，都要摄照影片，分送各参加展出的博物馆，及编辑说明的人，写中文说明的工作，由下列四位先生担任：

庄尚严　名画、法书

谭旦冏　铜器

吴玉淳　瓷器

那志良　玉器、漆器、雕刻、珐琅

翻译英文，则由顾献梁先生担任。这一部工作，写中文稿并没有费多少时日，翻译工作，一人办理，显得有些吃力，不过为了要在明年三月间必须将展品运到华盛顿，五月间正式开幕，也就不能不加速进行，到一九六〇年底，幸好完了工。

二、事务准备　首先要准备的是箱匣，这就完全照参加伦敦艺展的办法，每件器物，按其大小，做一个软囊锦盒，若干锦盒装入一个大铁皮箱，锦盒与锦盒之间，塞上木丝；书画则每件做一个布套，套外加木盒，也照装锦盒的办法，用木丝塞紧。这些用品，必须早日准备及制作。

三、印制宣传品　在美展览的目的，原为宣扬中国艺术，宣传品的印制，是很要紧的。除了把已印好的《故宫名画三百种》运去销售外，还印了许多复制名画、单页画片、明信片等。

四、赴美前展览　文物赴美之前，为了要取信于人，把运出去的文物，先在台北市省立博物馆做一次赴美前展览，将来回台后再展览一次。这次赴美前展览，是在一九六一年二月二日起，展览一星期。参观的人非常踊跃，八日闭幕之后，十一日起开始装箱。

展览顺利完毕之后，便是起运赴美了。

担任运输赴美的船只，是美国海军布瑞斯峡谷号（USS Bryce Canyon），是一条驱逐舰的母舰，所有驱逐舰的补给、修理，都由这一类型的舰只担任，战时还可以做旗舰之用，船只颇大，排水量是一万六千吨。船长克拉克尔（W. R.Crutcher）是海军少将。

一九六一年二月十四日，正是农历的除夕，布瑞斯峡谷号开到了基隆，当天把船装好。第二天清晨就驶离基隆，往美国而去。

在这里，我应当补述一段，那就是这次展览，派去经管、展览、运输、保管诸事的人员，是由"两院"选派的，采用轮流的办法：

一、始终其事的二人，一九六一年二月押运文物赴美，即留美工作，到一九六二年七月再押运回国，是李霖灿、那志良两先生。

二、轮流前往的三人，是：谭旦冏，一九六一年四月乘飞机赴美，工作至一九六一年十月返台；庄尚严，一九六一年十月乘飞机赴美，接替谭旦冏先生，工作至一九六二年四月返台；黎子玉，一九六二年四月乘飞机赴美，接替庄尚严先生，工作至一九六二年七月返台。

以上五位先生，在"两院"担任职务不同，在美展会中，一律聘为专门委员。至于对外交涉之事，由台湾外事主管部门派杨云竹代表担任。

军舰驶离基隆，一路风平浪静，三月八日上午九时，抵达了长堤，十时许，美国国立博物馆总务费得尔（Ernest R.Feidler）及杨云竹先生、蔡维屏先生先后来到船上，商定第二天卸船，装入卡车，转运到三达菲火车（Santa Fe）货运站，装上火车，在三月十日下午一时半，由洛杉矶开出，随车押运的仍是那志良、李霖灿两先生，及美国博物院的代表费得尔先生。

火车在三月十五日下午五时，到达了华盛顿。费了半小时，把所有箱件改装到卡车上，运到了华盛顿国家美术馆（National Gallery of Art，Washington D. C.），这是展览的第一站。

华盛顿的展览是自一九六一年五月二十八日起，到八月十四日止。我们有两个多月的时间在华盛顿做准备工作，是很从容的。

在这里，一切工作都要自己做，博物馆派了两个人会同我们办理：一位是柯克先生（II.Lester Cooke），他负责这次的展览工作；一位是欧士琪太太（Mrs.Elizabeth H.Ostertag），是负责这次展览品的登记、保管工作的。他们的工作精神极好，帮助我们开箱，推车子，搬匣子，并不能像在国内一样，这些事都是工人的工作。

经常的工作，只是照相、编辑说明书，陈列的工作，是到五月八日才开始的，一切布置设计，都由柯克先生负责，我们有什么意见，也只是建议给他，并不坚持，只有文物的移动，我们不允许他动手，他可以告诉我们把那件东西放在哪里，而不能亲手去拿。我们合作得很好，如期在开幕前一日，一切布置妥当。

五月二十八日正式开幕，每天参观人数，总是直线上升，到闭幕的那一天止，参观人数达一十四万四千三百五十八人。他们是不收门票的。

我与李霖灿先生到达华盛顿之后，就在国会后面第五街，合租了一层楼房，共有卧室二间，厨房一间，浴室一间，是老式的建筑。我们自己做饭，每天清晨起来，把昨天的剩饭，做成蛋炒饭，每人喝一杯牛奶，就到博物馆去，中午吃自制的三明治，晚间回来，一进门连忙做饭，我煮饭、他炒菜，一菜一汤，吃完之后，马上到国会图书馆去看书。在那里，我们申请到一间研究室，可以自己到书库去取书，看完之后，你不再需要它，只要把卡片倒转过来，插在书中，便有人替你送回书库了。我们看到十时，图书馆关门的时间到了，我们就回到住所，洗澡睡觉。第二天仍是如此。这一段时间，我们看到不少书。谭旦冏先生是四月二十五日才到的，我们的宿舍，无法容纳三人，他另外住的宿舍，除了食住不在一起外，其他的事，是三人合作的。

展览闭幕之后，我们二人忙于装箱，欧士琪太太仍是非常帮忙，数月来她的临时保管工作结束了。

一九六一年八月二十一日，是文物由华盛顿起运的日期。上午八时，三辆大卡车开来，把箱件装入之后，我们三人，原来计划每人押运一车，后来外事官员刘龢先生很客气，把他私人的轿车开来，载我们三人，随在大卡车之后，一路颇为舒适。下午五时，到达纽约的大都会博物馆（The Metropolitan Museum of Art, New York）。

在纽约的展览室，比在华盛顿为大，而工作的进行，不像华盛顿那样简单。在华盛顿，无论什么事，只要我方与柯克先生意见一致，就可以照办，甚至缺少了什么东西，他自己就可以走出去把它买来。这里便不同，李佩先生（Dr. Archwin Lippe）主持书画的陈列，周方先生主持瓷器、玉器等杂项品的陈列，而设计方面，又另有陈列部门、总务部门，所以时常为了一件事，大家商议不决，不免影响了工作的进行。陈列工作，从八月二十五日起，一直到九月十四日，预展的下午，才告完成。

在纽约展览的日期，是从一九六一年九月十五日起，到十一月十一日止，为期五十八天。参观人数是一十万五千零六十一人。在纽约展览是收门票的，每张五角，学生减半。

从纽约到波士顿，仍是用卡车载运，波士顿博物馆派曾宪七先生来纽约接运，我方押运人是李霖灿、那志良两先生，谭旦冏先生在展品运出之后，便乘飞机返国了，杨云竹先生乘火车先去波士顿等候迎接。

这回没有像刘苏先生那样热心的人了，我们每人乘坐一辆卡车司机台上。不过，美国的卡车只有司机一人，没有助手，坐在司机台，也颇宽敞舒适呢！下午四时，抵达波士顿博物馆。

展品运到了波士顿的美术馆（The Museum of Fine Art, Boston），第二天就开始布置，这时替换谭旦冏先生的庄尚严先生到了。工作开始得早，进行却颇缓慢，到十一月三十日上午才告完成。

在波士顿展览的日期，是一九六一年十二月一日起到一九六二年一月十四日。这个博物馆，每逢星期一闭馆，展览期间又逢圣诞节等假期，实际参观日数，只有三十四天，还不及华盛顿的一半，所以参观人数，总计是四万七千八百九十六人，是五个博物馆展览参观人数最少的一个。

这里的东方部主任是日本人富田先生，是日裔美国人，研究中国艺术，颇有名气。他把我们的办公室，放在他的办公室旁的图书馆里，看书既方便，每天还由他私人供给我们茶水与日本式的点心，待人非常亲切。

这里也售门票，也是每张五角，学生减半。

一月十五日又开始装箱，一月二十三日便起运赴芝加哥。

这一段的运输，改用火车，芝加哥博物馆（The Art Institute of Chicago, Chicago）方面，由东方部主任苏维尔（Swell）亲来波士顿迎接。一月二十三日下午三时开出，二十四日上午十时到达。

展览室布置，完全由苏维尔一个人设计布置，他的陈列，与以前三处不同，他不采分类陈列办法，各室完全以书画为主，其他展品，不拘时代，也不分类，哪一件放在什么地方觉得合适，色彩调合，就把它放在那里。我们曾提出两个意见：一是根据以前在三处展览的情形，董其昌一幅挂轴，是法书，参观人常常找我们来问，上面写的是什么话？这次希望能在旁边，贴一张英译，俾使人知文字大意；二是希望在朝代之下，加上西历，外国人多不知中国历史，哪里会知道什么是"商"？什么是"周"？他们答应了照样去做，拖到闭幕，也未办到。不过，这里的展览，方法比较新，例如他把两件明洪武的釉里红，配上一件吉州窑，陈列在一个框子里；康熙黄釉龙纹盘，配上一件红雕漆小瓶，为了使他颜色调和，五光十色，免去单调之弊。有人就批评这办法近乎橱窗设计，不合学术研究上的要求了。见仁见智，各有理由。

芝加哥博物馆的展览日期是一九六二年二月十六日起，到四月一日止，共四十五天，参观人数是五万九千六百七十四人，这里的票价，也同纽约一样。

展览完毕，又开始装箱，箱子装好，馆里特别招待我们把馆中所存全部玉器，拿出来给我们看，其情可感。

从芝加哥到旧金山，也是用火车载运，这一段的铁路，与去时的三达菲线完全不同，走三达菲线，你可以看到像美国西部武打片上的情景，沙漠、怪树，一片荒凉之景，火车的业务，主要是货运，乘客寥寥，连餐车都没有，火车走到一个地方停了下来，大家下车用饭，饭毕再回到车上去。这一条线是美国柏灵顿公司（Burlinton）最有名的加州和风号快车（California Zephyr），为了旅客坐在车中观看沿途极美的风景，发明了一种瞭望车（Vista Domes），使旅客可以清晰地看到雄伟的或秀丽的山川，风景之美，使人忘记到餐车去吃饭。四月十二日下午三时，火车开到了奥克兰(Oakland)，在这里改装卡车，经过世界最长的桥海湾大桥（Bay Bridge）运到了旧金山杨格纪念博物馆（The M.H.Young Memorial Museum，San Francisco）。

这里的展览情形，与波士顿的情形相似，有一件值得一提的事，是书画上大多数已然加了玻璃，对于文物的保护，相当地好，光线的配合也很好。

这里的展览日期是一九六二年五月一日到六月十七日，共展览四十八天，参观人数，达到一十万八千二百五十四人，仅次于华盛顿。

旧金山是此次展览最后一站，我们把箱件装好，准备起运返台，装运的船只是一艘运输舰 Markab 号。一九六二年七月二日把文物装上船，七月五日开船，途中探知前面有台风，他们绕道避开风走，以求文物的安全。舰上的人告诉我们，如果船上没有文物，他们是不会躲避台风的，因为这是一个很好的训练机会。七月二十八日平安到达基隆，随即运回台中的北沟库中。一九六二年八月十一起，在陈列室中举行文物展览，为期十天。

这一次的赴美展览，总算是成功的，各博物馆对于展品，都很负责，对于小的事情，也非常注意。例如在华盛顿展览时，有过这样的一件事，展览室中，都摆放许多盆花木，每天晚间搬出去，早上再换些新花来。有一天在一轴画的玻璃上，发现几只有趣的小虫，死在玻璃上，这虽无损于书画，我们还是把他们负责事务的人找来，请他派人把玻璃卸下来，扫除这几只死虫。大家研究这小虫是哪里来的呢？因为博物馆的建筑，陈列室四周都是厚厚的墙，有空气调节设备，虫是无法从外面飞进来的。我们的意见是搬花木进来时，随着花木进来的；这位总务长坚持是由境外（这境外，当然是台湾了）带进来的虫卵，在此孵化出来的。他们把死虫拿出研究。第二天打电话来说："也许是你们的对了。"全场的花木，一律搬走了。

　　光线的配合，他们非常注意，例如书画的框子，他们把前面的玻璃斜着装，使框中成上面宽下面狭的样子，参观人看画，不会受到反光的影响。大轴的字画，凡是前面装玻璃的也都采取这个方式。

　　其他关于宣传方面，也尽到了努力，博得许多好评。

　　外国人看中国艺术品，是不容易完全了解的，会中虽编有《中华文物》（*Chinese Art Treasures*），上面印有图片、说明，印刷很好，销售的数量也很多，但是这本书对懂得中国艺术的人，是很有用，对不懂得的，仅是一本纪念品，因为里面，没有较详的解释，如这件器物的用途，上面都是些什么纹饰之类。我们随时到展览室中去照料，常常有人问道："你们中国人绘画，上面有那些红图章是做什么用的？"你就要和他解释，这图章有三种，一种是画这张画的人，自己的图章；一种是收藏人的图章，他有了这张画，便盖上自己的图章，表示这幅画为他所有；第三种便是宫中印玺。同样的话，不知说了多少次，如果对这一类的问题，有一个说明，岂不很好？

　　这一次的展览，计划得已是相当周到了，千虑之失，是难免的。

　　关于"两院"办理展览的事，除了上述两种之外，还有：

　　一、照片展览　这是在日本举行的。台湾"故宫博物院"编印《故宫名画三百种》，是由日本大冢巧艺社承印的。一九五八年夏，该社社长并木武雄及工作人员三人，来台办理摄影工作时，他们向我方建议，为宣传中国艺术，打算在《故宫名画三百种》中，选择几十件，照相放大，放到与原画相同的大小，举行展览。我方对此意见，表示赞同，并请他筹备进行。该社社长并要求这项展览在日本选择两地办理，经由民间团体举办，不由官方出面，也得我方同意。一九五九年二月间，我正在日本办理监印《故宫名画三百种》的事，联管处通知我，就便与大冢巧艺社作正式洽商，我把洽商情形报告后，在四月间由我代表联管处，正式与日方签约。合约中规定会名为"故宫博物院名画写真展"，并加"中华民国秘藏"字样。主办的，是朝日新闻社，大冢巧艺社自任后援人。约中详细载明日期、地点、数量、选件等。

合约签订之后，首先是选件，经双方同意共选了七十九件，其中除夏圭溪山清远一幅，用大冢巧艺社所印的复制品外，其余都用黑白放大照片，规定照片尺寸，以长六尺，宽三尺为度，原画尺寸小于这个尺寸的，就照原画尺寸放大，大于这个尺寸的，以放到此尺寸为度。展览时，各照片都要加以装裱、配框悬挂，照片之旁，有简单说明。如果某一张画在《故宫名画三百种》中，是彩色的，在照片之旁，附挂一张原色版样张，以便参观人知道原画色彩。展览日期及地点，规定为：

1. 一九五九年五月五日至十日在东京白木屋百货店。

2. 一九五九年五月二十六日至三十一日，在大阪阪急百货店。

展览时，参观的人很多。展览完毕，照片完全移交我方，自由使用。我们把这些照片运回来，先在台北市南海路历史博物馆展览，时间是一九五九年七月十五日到二十一日。展览完毕，又运到香港及南洋各地，做巡回展览，颇得好评。

二、"辛亥"五十年纪念文物展 台湾"故宫博物院"及"中央博物院"为庆祝"辛亥"五十年，特在"双十节"前后，假台北市历史博物馆，举办特别展览一次，展览内容，是法书十六件，名画四十二件，铜器六件，瓷器三十一件，玉器十一件，帝后像九件，织绣六件，图书十五件，文献八件，共计九类，凡一百四十四件。

三、历史文物特展 台湾教育主管部门为配合在日本举行的世界运动会，使前往参观人士，就便参观中国文物，举办"'辛亥'五十三年"历史文物特展，由台湾故宫博物院及"中央博物院"就所藏文物中提件陈列，地点在台北市南海路历史博物馆，该馆也陈列一部分文物，两院所提文物计十二类，共三百五十三件，内分名画六十八件、瓷器九十二件、法书五十件、玉器四十三件、铜器三十二件、织绣十一件、文献十件、文具十二件、漆器九件、珐琅二十一件、雕刻十三件、镀金法器十二件，并商请台湾"中央图书馆"将所藏秦、汉、晋代拓片，及汉简五件，蒋谷孙先生所藏秦权一件，一并参加展出。是"两院"在台北展览出品最多的一次。

四、参加世界博览会　一九六四年，为美国纽约市建市三百年纪念，举办世界博览会，台湾应邀参加，在会中建有"中国馆"一座，完全为中国式建筑，馆中特辟专室陈列中国古艺术品，由台湾故宫博物院及"中央博物院"选件参加，为了符合博览会的宗旨，选件都是器物方面的，计有织绣十件、瓷器二十件、玉器八件、雕漆八件、雕刻四件，合计五十件，台湾"中央研究院"及历史博物馆，也都选提文物参加。博览会为配合当地气候，分两个会期，第一次是一九六四年四月二十二日到十月十八日，第二次自一九六五年四月十八日到十月十七日。"两院"派李霖灿及沈景鸿先生先后前往照料。

故宫文物在台的保管与迁运台北

文物到台中以后的展览、编目、印刷、研究诸事，上面已然一一说过，现在要谈谈文物的保管。

一、理事会　理事会是台湾故宫博物院的决策、监督机构，所以不能不先提理事会。

在大陆上，"两院"各有自己的理事会，但是来到台湾的理事不多，照章是不能执行理事会职权的。一九五〇年一月二十三日，杭立武先生以台湾教育主管部门负责人名义，邀请"两院"在台理事，开了一次谈话会，商议如何解决这个问题。经过一番交换意见，商定了几条办法，由台湾教育主管部门呈报台湾行政主管部门核夺。这几条是：

1. "两院"理事在台人数甚少，不便行使职权，建议台湾当局，为应目前需要，组"两院"共同理事会，代行两理事会职权。

2. 台湾"中央图书馆"及北平图书馆存台文物，由"两院"共同理事会代为董理。

3. 由台湾教育主管部门拟具理事名单，请台湾行政主管部门斟酌。

台湾行政主管部门对理事会的意见，表示同意，公布了第一届理事名单如下：

吴敬恒　胡　适　蒋梦麟　王世杰　张　群　马超俊

傅斯年　张道藩　罗家伦　杭立武　吴国桢　黄朝琴

丘念台　陈雪屏　李敬斋　田炯锦　黄季陆　陈启天

余井塘　程天放　李　济　黄建中

一九五〇年七月十七日"两院"共同理事会成立，举行第一次理事会议，推李敬斋理事为理事长，杭立武理事为秘书，王世杰、朱家骅、傅斯年、罗家伦、丘念台、余井塘、程天放诸位理事为常务理事。

李敬斋理事长，非常热心，被选之后，便说明他要搬到院里去住，就便督导。会后数日，他果然全家搬到北沟库旁的招待室里去住。以后他发现这里仅能分一部分房屋给他住，不敷分配，而距菜市又远，买东西不方便，遂又搬入台中办公室附近的职员宿舍里。这一段时间，李先生真是尽心地做他的督导工作。

有一次开理事会议，李先生与几位理事的意见不合，愤而辞职，到一九五二年六月期满后，又改组了理事会，推王云五先生做理事长。王先生的作风，与李先生不同，一位是圆的，一位是方的，圆的究竟容易处事，所以王先生从一九五二年做理事长以后，一直到理事会解散，改组委员会之时，始终没有离开这理事长的宝座。

各届的理事，没有多少变动，秘书一职，照例是由联管处的主任委员兼任。

二、联管处　与故宫文物一起迁运文物到台湾的，除故宫博物院之外，有：中央博物院、中央图书馆、北平图书馆、中央研究院历史语言研究所，及外交部。其中北平图书馆并未派人来台，托由故宫博物院代为保管，剩下的这五个机关，自己成立了"五机关联合办事处"。

"中央研究院"的文物，并未与各机关一起把文物运到台中，他们自己独立了；外事部门于文物到达台中不久，也把他们的箱件提回去，五机关剩下三个机关，这时，教育主管部门的"中华教育电影制片厂"把一批电教器材运来了，也加入这个组织，由台湾教育主管部门组织为"中央博物图书院馆联合管理处"，因为名称太长，大家都简称为"联管处"，成立委员会，管理一切。由杭立武先生任主任委员。

一九五四年九月，"中央图书馆"在台北恢复设馆，联管处少去了一组。

一九五五年一月，联管处奉令改组为"中央运台文物联合管理处"，下分"故博"组、"中博"组、电教组、总务组，同年十一月，台湾教育主管部门又把电教器材提走，改组为"故宫中央博物院联合管理处"。

联管处好像一块冰，慢慢地化，化来化去，只剩下两个博物院了。

一九五六年八月，杭主任委员就任驻泰国外事代表，辞职之后，由教育主管部门改聘孔德成先生为主任委员，一九六四年五月，孔主任委员辞职，改聘何联奎先生继任，并升"故博"组主任庄尚严为副主任委员。一九六五年十一月十二日，故宫在台北的新馆落成开幕，这个委员会就取消了。

三、库房保管　文物由台中糖厂运进到北沟不久，东边的一个库，也就是故博组的一个库，地面上有水渗出，研究的结果，是山上伏流，流经库下所致，就在库房背后，距库约七八尺处，挖一道水沟，以阻止伏流。这方法成功了，库内既没有水迹，水沟之内，经常有潺潺细流，这第一个问题解决了。

又过了不久，库内库外，长了翅的白蚁，乱飞起来，急忙用杀虫剂把库内的杀死，然后紧闭库门，停止办公几天，以避白蚁。

一九五一年八月间，正面的库房，也就是"中博"组及"中图"组的库房里面，都发现了白蚁，这是一件大事。白蚁如果进入箱中，很快就能把箱中文物吃光。当时采取了紧急措施，把发现白蚁之处，灌杀虫剂、洒石灰。然后函请病虫害专家陈德能先生来处，拟定防蚁治本办法，彻底消灭。他所定的防蚁办法，是：

1. 地面上，或墙壁上，发现裂痕，赶快修补。

2. 库内保持通风，光线充足。

3. 箱架支高，离地至少一尺半。现有之架墩，是木制的，白蚁可以由下面侵入，在外面看不到，要改用水泥做墩，尺寸加高。

4. 白蚁交尾期（冷天之后，天气转热之时），把库门紧闭。

5. 每隔三个月，喷 DDT 石油溶液一次。

这个方法很灵，联管处在台中期间，从此再也没有发现白蚁了。

此外如消防、警备、库门封锁等事，都依照故宫博物院在抗战期间疏散后方时的办法办理。

四、文物抽查　我记得，在每次理事会开会时，无论是大会，或是常务理事会，朱家骅理事总是要提出一个老问题，那便是清查文物。一直到一九五一年一月二十五日那次理事会议，才决定了办理抽查，成立清点委员会。当时的计划，是在一九五一年中，抽查若干箱，了解一下箱内文物情形就算了。当由理事中推举罗家伦、李济、丘念台三先生，又在会外聘请了董作宾、黄君璧、孔德成、劳干、高去寻五先生共同组织清点委员，并由李敬斋、杭立武两先生为当然委员。

委员中多数是大学教授，平日无暇到台中去，抽查的时间就规定为暑假。一九五一年六月十五日，全体委员在北沟联管处的库房，举行第一次会议，决定第二天起就开始工作，工作计划是：

1. 抽查箱件数目暂定一千箱，约当存北沟文物箱数的四分之一，"故博""中博"及"中图"各查多少箱，视各单位所保管箱数，作比例分配。

2. 抽查标准，原定是：甲、最重要之文物；乙、文物本身易于损坏者；丙、箱件已破者；丁、在台已经开过者。

3. 采分组工作办法，两组同时进行，每组至少有委员二人以上，始能工作。

从六月十六日起，到九月八日止，共抽查了一千零一十一箱，其中属于台湾故宫博物院的，是五百六十箱。

大家觉得这样查一查，倒是满有意义的，就以台湾"故宫博物院"所保管的文物而论，在上海时，固然逐箱清查过，此后经过运存南京、抗战疏散、复员还都、迁运来台，走了多少万里路，经过多少保管人，这里面有没有碎了的？有没有被人偷换了的？现在请了这许多公正人士，大家公开检查一次，对负责运来的人减去许多责任，对以后继续保管的人少了许多疑虑，官方费了一些钱，是值得的，于是这个工作，便由抽查，而为普查，从一九五一年度起，每年暑假，大家都在做这个工作，一直到一九五四年，费了四个暑假的时间，把存在北沟的所有箱件都看过了。

检查的结果，非常之好，每年的点查报告中，都是对保管人员加以赞扬。点查完毕之后，点查委员的招集人罗家伦理事在理事会报告中说："抽查结果，知保管情形良好，保管人员能以古物为生命之一部分。"李济理事也说："此次所查一千零十一箱，原有笔误或漏列之处，但均能查出其原因，而文物并无损失，且此项笔误或漏列，尚系在平沪时经手人之核对未周，与现在保管人员无关。"以后每年的报告中，从未有人指摘过，一致称赞。保管的人，辛辛苦苦若干年，也大可有所安慰了。

五、补钞荟要　一九六三年三月二十二日下午，在存放图书的仓库里，发现有屋漏的情形。这里我要先说明库房里箱件存储的情形。库内箱件，一律是六七个箱子叠起来，每箱之高，将近二尺，所以箱件堆起之后，上面已是接近了顶棚，库房是不是漏了，检查非常不便。这一天想要提箱子，工人爬上去一看，发现箱上有水迹，抬头一看，顶上有一块瓦裂了，赶快报告以后，把这一堆箱子，完全卸下来检查，知道有一部分《四库荟要》受潮不能揭开。经理事会指示，所有受潮的书，一律照原样补钞了。

现在，我要谈一谈文物迁运台北的事了。

一、建筑新馆　故宫博物院存台的这一批文物，是公认的国家瑰宝，把它放在北沟，是一个偏僻的小村，虽有展览室把一部分东西陈列出来，大家前去实在不方便，许多外国观光客，没有时间到那里去，多感失望，在台北建修一个新馆是其必要的。于是选择了台北近郊外双溪的小山下，做为新馆的建筑用地。这里四面环山，林木葱翠，是台北近郊的风景区。

新址的四界规定后，环绕着栽上石柱，写明台湾"故宫中央博物院地基"。

一九六二年六月十八日举行新馆奠基典礼。

一九六四年三月初，才正式开始兴建。建筑情形，是把所有工程，分成两部分：在山下，开山洞，约在山腹位置较高之处，洞长一百八十公尺半，略成为蹄形，宽二.六公尺，洞的墙壁及上面拱形部分厚约五十公分，底部厚七十公分，全部用钢筋混凝土浇筑。洞上面的土石，最高处约二十多公尺。洞内有空气调节。在洞的前面，建筑正馆，是四层楼房的建筑，山洞的洞口，与正馆第三层同高。

正馆建筑，四层面积，合计是七千二百零四平方公尺，这是新馆初建时的面积。

正馆的最下层，除了一个讲演厅之外，其余都是办公室，第二层有一个大厅及四个展览室，第三层有四个展览室，第四层是一个大厅。第二层的大厅，正中是孙中山遗像，其他三面，及两旁走廊，都做好大玻璃框，准备陈列书画的挂轴，四个展览室陈列器物。第三层的四个展览室，也准备陈列器物，外边走廊陈列书画。第四层的一个大厅，准备陈列琴棋书画的文人活动情形。

一九六五年十月间，新馆建筑接近完成，蒋公到新馆视察，知道开幕日期，定在十一月十二日孙中山诞辰之日，他随便说了一句，把这个博物院，定名为中山博物院，岂不更有意义？赞成这个意见的人很多，行政主管部门负责人严家淦先生，便是其中之一，决定把这一座新馆，定名为中山博物院，交给台湾北"故宫博物院"使用。

有人问过我："你们搞的什么名堂？界石刻的是'故宫''中央'两博物院，第一楼大门前的奠基石写的是'故宫博物院'，二楼大门又写的是'中山博物院'，两路公共汽车，以博物院为终点站的，一个写'故宫博物院'，一个写'中山博物院'，这一点事，你们就弄得乱七八糟。"

我告诉他："当时决策的虽轮不到我，而决策人的苦衷，我倒知道一些。在接收这块地皮，供建筑博物院的时候，那正是两个博物院成立联合管理处的时候，界石上自然要写两个博物院；新馆奠基的时候，台湾当局已有把'中央博物院'的文物，暂交'故宫博物院'代管之意，奠基时只写一个博物院了；新馆建成，'领导人'主张定名中山博物院后，牌匾上自然要写中山博物院了。中山博物院的的确确是一个'有名无实'的机构，要等两院文物运走后才成立，这个新馆，只有仍交'故宫博物院'使用，不过，'故宫博物院'本是这建筑的主人，现在变成房客了。公车的终点站，应当写'故宫博物院'，因为住在这里的不是中山博物院。"

二、新馆组织 台湾"故宫博物院"的决策、监督机构，一向是理事会，现在把理事会撤换了，改名为委员会，职权仿佛是扩大了一些，例如最近我听说，院中收购一些文物，除了请专家审查之外，一定要提到委员会议，由各位委员讨论鉴定之后，才作决定。委员诸公，都是鉴赏家，无可否定，但是他们岂不太辛苦了？

第一届的委员人选如下：

主任委员　王云五

常务委员　王世杰　李　济　陈雪屏　连震东　叶公超　阎振兴　罗家伦

委　　员　孔德成　丘念台　包遵彭　田炯锦　何联奎　余井塘　李宗侗

　　　　　林柏寿　凌纯声　马超俊　马寿华　陈大齐　陈启天　张　群

　　　　　张厉生　张其昀　张道藩　庄尚严　程天放　黄少谷　黄季陆

　　　　　黄朝琴　黄君璧　邓传楷　蒋复璁　钱思亮　谢耿民

博物院内部的组织，由院长一人综理院务，副院长一至二人，襄理院长处理院务。设下列各单位：古物组、书画组、总务处、出版室、秘书室、安全室等。

这个规定，忽略了展览；而且没有全院文物及财产的总登记的部门，临时由委员会决定，先成立了一个"展览委员会"及"登记室"。各单位的负责人如下：

院　　　长　蒋复璁

副　院　长　何联奎　庄尚严

古物组组长　谭旦冏

书画组组长　那志良

总务处处长　周凤森

出版室主任　黎子玉

秘书室主任　王　　璞

安全室主任　史松泉

登记室主任　李霖灿

会计室主任　周才藻

人事室主任　　詹冠南

展览委员会执行委员　　汪继武

委员会的委员，及正副院长，任期都是二年，到一九七四年止，委员会已是第五届了，委员略有变动，正副院长并无变动。

三、新馆开幕　一九六五年十一月十二日，是孙中山先生百年诞辰，台北"故宫博物院"就选定了这一天举行开幕典礼。

开幕的那一天，外双溪真是热闹极了，山上山下，停满了汽车。开幕典礼开始，由行政主管部门负责人严家淦主持剪彩仪式，台北"故宫博物院"主任委员王云五致开幕词，大意是说：这个新馆的成立，有赖于故陈诚先生的大力支持；又蒙友邦的赞助，以援款协助建修新馆；又承蒋公指示，严家淦先生之赞同，把这个新馆，作为孙中山先生永久之纪念，定名为中山博物院，在孙中山先生百年诞辰之日，中山博物院正式落成意义更为重大。严家淦先生的演说，强调这个馆名定名为中山博物院的恰当，他说：

> 此一博物院，定名为中山，并在孙中山先生诞辰之日落成，尤具意义。孙中山先生以继承尧、舜、禹、汤、文、武、周公、孔子相传的道统为己任，博物院代表一个民族的文化，现在博物院以中山为名，来纪念他，就是要把他的思想发扬光大，达到天下为公的地步。

严先生讲完，美国新闻处处长韩德森（John Henderson）代表美国政府致贺词，也是赞成把这个新馆，定名为中山博物院。剪彩仪式完毕，由孙科博士为孙中山铜像揭幕，他也有演说，他的讲词中，没有谈到博物院定名的问题，而注意在铜像，并说明这里的铜像是借的，将来台北孙中山纪念馆成立，可能还要搬了走，他说：

> 在南京中山陵的孙中山先生大理石像，是我在民国十七年（1928），聘请法国名雕塑家郎度斯基塑造的。现在这座铜像，是白大理石像模型的翻造。这两座像大小一样，只是南京那座白大理石像的像座要高一点。这座铜像，将来台北中山纪念馆完成，可能搬到纪念馆去。现在大家对孙中山先生都有高山仰止，景行行止的感想，个人谨向同胞与铸造铜像、筹建博物院的有关人士致谢。

这次盛典，住在台湾的人士多赶来参加之外，由外国赶来庆祝的，有美国的布伦达治、法国的达祥西、日本的梅原末治、并木武雄等。

四、文物选储　新馆开幕之日，存在台中、北沟的文物，还没有迁运到台北来，只是把准备陈列的文物，先行运来展览，大批的迁运是从十二月九日起。

运输的车辆，每隔数日，起运一批，每次车辆，是十辆到十五辆之间，前面由宪兵司令部派出开道车一辆，最后是押运的负责人乘坐，中间十余辆车，鱼贯而行，排成一个长队。沿途在新竹过去的山边上，停下来，大家取出自己携带的食物，用午饭，饭后再继续前进，不准停车。照这样运了八次，到十二月二十一日，全部运完。

箱件运到台北后，凡是属于器物的，包括铜器、瓷器、玉器、漆器、雕刻品等，都存入山洞；书画、善本图书、《四库全书》、重要文献，暂放在第一楼，大厅两旁的贮藏室中；其余的一般图书、文献，放在山下原物资局的房屋里去，这时物资局已把房屋拨归博物院了。

五、扩充建筑　一九六五年间完成的新馆，建坪只有两千二百五十坪，新馆开幕后，感觉到展览室大小，无法尽量把重要文物展示出来，而且，从北沟运来的箱件，无法容纳，放在物资局的旧址，又不安全，遂有扩大建筑的决定。这座新馆，是个四方形的，放在大山之前，远远望去，小得可怜。记得我在美国时，有一次到托莱多（Toledo）的博物馆去看一张画，外面看来，是一个很大的博物馆，后来才知道，它的建筑是蛇形的，并不是什么大建筑，我们这座博物院面积比它大得多，而没有雄伟的姿态，与南京的中山陵，犯了同样的毛病，没有做横的发展。这次的扩建，就是向两旁发展，向左右各增建四百多坪，共增加了八百八十二坪，新增了六个展览室，扩充了库房。展览品增多了。物资局所存的文物箱件，以前因为消防情形不好，两旁都是住户或饭馆，早已借用讲演厅存储，这时，也有地方可以容纳了。扩建的完成，是在一九六七年。

一九七〇年间，觉得院中图书甚多，为便于学者参考，应成立一图书馆，开放阅览；展览方面，也需要几间大的展览室，作专题的展出，于是有第二次扩建计划，仍是向两边发展，共扩建了一千七百四十坪，比第一次的扩建，还多出一倍来。现在的建筑，从山下向上看，已是壮观多了，展览室增加了不少。

山洞也曾扩建了一次，那是在一九七四年间。委员诸公，认为山洞所在，只限器物，书画及善本图书等，并未入洞，万一有了警报，运进去是来不及，而且已经填得满满地，无处可放。遂有扩建第二个山洞之拟议，经委员会通过，并呈经台湾行政主管部门核准。新建山洞与原有山洞走一个大门，进洞门后，直走是旧洞，由右手边走进去，便是新洞了。新洞全长一三六.三八公尺，比旧洞略短些。

六、文物展览　两次扩建后的展览室，已经有十五间了，各展览室所陈列的文物，全部予以调整、更换，在一九七〇年到一九七一年之间，这些展览室所陈列的文物，是：甲骨文、殷商文物、商周铜器、汉代及以后铜器、珐琅器、陶器、宋元瓷器、明代瓷器、清代瓷器、清代珐琅彩瓷器、旧玉器、新玉器、珍玩服饰、法器、杂项等十五项，件数共达五千多件。

以后，为了举办各项特展，展品略有更动。在一九七四年以前，所举行的特展，有：

1. 一九六六年举办清代珐琅彩瓷特展，展品二百件；铜镜特展，展品八十四件。

2. 一九六八年举办乾隆珍玩特展，展品四二六件；宋元明清特展，展品二七五件；乾隆珍玩特展三七七件。

3. 一九六九年举办乾隆珍玩特展，展品三七七件；兰千山馆藏品特展，展出古砚七十八件；第二次乾隆珍玩特展，展品四二七件。

4. 一九七〇年举办秦汉铜印特展，展品一二九件。

5. 一九七一年举办宋元瓷器特展，展品一一三〇件；文人生活特展，展出器物三〇九件。

6. 一九七二年举办宝鼎瑞玉展，展出铜器四件、旧玉一五五件、清代玉器一四九件；清瓷特展，展品八七二件；服饰特展，展品五〇〇件。

7. 一九七三年举办古砚特展，展品六十六件；参加韩国"中国展览会"特展。

8. 一九七四年举办明清青花瓷器特展。

以上是一九七四年以前，所举行的特展。至于文物赴外国展览，就只有一九七三年奉台湾行政主管部门令赴韩国展出，以后为文物安全，暂不赴外国展览。

七、文物流传　以前的流传，是包括传拓、复制与印刷，现在仍是照这个路线，继续进行：

1. **传拓**　以前所作的，是铜器的传拓与印玺的传拓。自印刷术进步以后，传拓已不是必需的了。例如散盘的拓片，在清室善后委员会时，已是传拓出售，器形、铭文，每张五十元，合购两者，便是一百元，后来印出之后，把铭文、器形印在一张纸上，只售五角，谁还买那拓本？文物运到台北以后，把我所存的散盘、宗周钟、新嘉量，与曾伯琦壶的印本，复制出来发售；又向台静农先生借来《金薤留珍》印谱，也照像影印出来。

2. 复制　是照原画或原器大小，照样做出的复制品，在一九七四年以前所制的，只有书画，是一部分在日本付印的，一部分是在台自制的，大小照原画尺寸，颜色也根据原画。

3. 出版　出版刊物，定期刊物，有了三种：一是《故宫季刊》，是纯学术性的刊物，向国内外学者征集稿件，文字以中文为主，每篇各附英文节要。每年出版四期，第一期是一九六六年十月出版的。由谭旦冏先生任总编辑。一是《故宫通讯》，是英文本的双月刊，除报告院中动态之外，并登载文物介绍的文字。第一期是一九六六年三月出版的。由我担任编辑。一是《故宫周刊》，每星期出版一张，采用抗战前故宫所出版周刊之例编辑，由黎子玉先生任编辑，香港开发公司出版并发行。可是这种刊物，已不为人所喜阅，出版几期之后，便停刊了。

定期出版刊物之外，各种专集的出版颇多，文物照片及幻灯片之供给，更是丰富。此外并与商务印书馆合作，影印《四库全书》珍本，及编印同仁自著丛刊。